仁愛大学宗教教育研究センター 編

いのちに関する5つのレクチャー

宮城 顗・長谷正當・石田慶和・田代俊孝・蓑輪秀邦

法藏館

いのちに関する5つのレクチャー　＊目次

1 the first Lecture

いのちはなぜ尊いのか

宮城　顗

2 the second Lecture

無量寿としてのいのちと信

長谷正當

3 the third Lecture

『歎異抄』と私 ——最後の講義——

石田慶和

4 the fourth Lecture

死から学ぶ生の意味

田代俊孝

the fifth Lecture 5

いのちの輝き

——和国の教主と呼ばれた聖徳太子の生涯に学ぶ——

蓑輪秀邦

編集協力：花月編集工房

the first Lecture

いのちはなぜ尊いのか

1

宮城　顗

宮城　顗（みやぎ・しずか）

1931年生まれ。大谷大学文学部卒業。真宗大谷派教学研究所所長、九州大谷短期大学教授を経て、現在同短期大学名誉教授。京都市本福寺前住職。
著書：『正信念仏偈講義　全5巻』（法藏館）、『真の仏弟子』『和讃に学ぶ　全3冊』（以上、東本願寺出版部）、『仏弟子の群像』（大谷派名古屋別院）

「いのちはなぜ尊いのか」（2002年度仁愛大学「公開講座」）

2002年11月30日（土）／於：仁愛大学

1

the first Lecture

いのちはなぜ尊いのか ● 宮城 顗

一 高校生の質問から

「いのちはなぜ尊いのか」という大きなテーマを掲げての講座です。

早いものでもう五年も前になりますが、テレビ番組で一人の高校生が、各分野の第一線で活躍中の並み居る有識者を前にして、「人はなぜ人を殺してはいけないの?」という質問をするということがありました。その時、その場におられた人たちはあまりにも唐突なその質問に言葉をなくし、答えることができなかったのです。それからずっと、「人はなぜ人を殺してはいけないのか」ということがいろいろな人たちによって受け止められ、問題にされてきたという経緯があります。しかし、この問題はあまりにも大きな課題ですから、答えが出ないままうやむやになってしまうのではないか、と私は危惧を抱いています。

「人はなぜ人を殺してはいけないの?」という問いは、「人を殺すことは、どうして悪いことなの?」という言葉に置き換えることもできます。私の世代の者は、こういう問いはあえて答えるようなことではないとして、まともに取り上げることはしませんでした。

この高校生の質問のしばらく後に、ある小学生が「なぜ人は勉強しなくてはならないの?」

という問いを出したことも話題になりました。「人を殺さない」あるいは「勉強をする」ということは、人間として当然のことだとして私たちは生きてきました。その根底をひっくりかえすように「なぜ、そうでなければならないの？」という問いを突きつけられたのです。

その番組に出ておられた作家の柳美里《ゆうみり》さんは、「足元をすくわれた気がして、とっさに言葉が出なかった」とおっしゃっています。柳さんはその後一年間ずっと、その問題を問いながら小説を書かれたそうです。つまり文学者として、作品でもってその問いに答えるということをされていたのです。

もし、私自身がそういう問いをその場で突きつけられたら何が言えるのかということを考えると、ごく単純に、「私は人に殺されたくないから」と、これしか言えません。人が人を殺すことを認めると、それは誰かが私のところに来て、私のいのちを奪っていくことを認めなければならないことになる。その覚悟がなくては、人を殺してもいいとは言えません。でも、殺してはいけない理由を筋道だてて答えようとしても、なかなか言葉は届かないものです。現在の社会制度、仕組みのあり方などに対する大きな苛立ちというものが、このような叫びになって表れているわけですから、それに対して、その仕組みの中に立ったままでどれだけの言葉を並べても、おそらくは見解の相違に終わってしまうだろうと思います。結局のところ私には、「人には殺されたくないから」と言うしかないわけです。

作家の小田実《おだまこと》さんは熱心に平和運動に取り組んでおられる方です。それまでの平和運動のスローガンは、「人は人を殺すな」でした。しかしそのスローガンは、現在では数の論理によって否定されてしまっています。例えば、広島と長崎に原爆が落とされ、そのために多くの人命が無惨にも奪われた。しかしあの原爆が落とされたからこそ、戦争があの時点で終わった。もし原爆が落とされていなかったらまだまだ戦争は続き、連合軍が日本に上陸して、日本の本土が戦場になるということも十分考えられた。そうすると原爆で亡くなった人々の何十倍、何百倍もの人のいのちが奪われたかもしれない、というような数の論理のうえで、「だからこれは仕方のないことだった」、「多くのいのちを救うための有効な手段だった」という考え方がいまだにあります。

そこで小田さんは、「人を殺すなじゃない、殺されるな」ということをスローガンにしていかなければならないのではないか、と書いておられました。そういう考え方になるのか、と私はあらためて感じさせられました。「殺されるな」ということは当然、他のいのちを殺すことを拒否することにはなるわけです。しかしスローガンとして引っかかるところは、

「殺されるな」ということです。そういうことがこれからの視点であり、そういう運動に掲げる言葉になっていくのではないかと、小田実さんは言われるわけです。

二 〝顔〟が見えない社会

「人はなぜ人を殺してはいけないの？」という問いの根底には、苛立ちのようなものがあると思われますが、いったいどこからこのような問いが出てくるのでしょうか。その問いが出てきたもとを探していた当時の私に、〝こういうことが良いのではないか〟と教えられる文章がありました。

それは藤原新也《ふじわらしんや》さん（写真家）の新聞記事で、この記事は後に『映し世のうしろ姿』（新潮社）という単行本として出版されました。その中に、「他者の顔が消えるとき」という文章があります。藤原さんも、「人はなぜ人を殺してはいけないの？」と高校生が質問した、そのテレビ番組に呼ばれていたのですが、先約があり参加することができなかったそうです。「人はなぜ人を殺してはいけないの？」という質問は当然自分自身にも向けられた質問であったとして、ずっとその問いを抱えておられたそうです。

そんなとき藤原さんは、たまたま長いあいだ入院している知人を見舞われました。知人の方は病室で一人の看護師さんと軽い雑談をしていました。藤原さんもその話の輪に加わったのですが、その看護師さんは、看護についてはじめて自覚をもった時の体験を話しておられて、それが妙に藤原さんの気持ちを捉えたと書いておられます。

それによると、その看護師さんが若かったころ、自分が受けもっていた患者さんの中に、下《しも》の世話をしなければならないほど衰弱している老人がおられたそうです。あるとき、その老人が見舞客と元気だったころのことを話しているのを、カーテン越しに聞くとはなしに聞きました。そして、その老人がまるで自分の祖父そっくりの人生を送った人だということを知ります。

> その話を聞きながら、ちょっとショックを受けました。ベッドに横たわったままの患者さんたちのことを自分がそれまでただの病人という感じでしか見ていなかったことに気づいたんです。患者さんそれぞれにそれぞれの長い人生があったのだという実に当たり前のことに気づいていなかった。

と、その看護師さんが言ったそうです。彼女はこれまで、患者という顔のない個々人に接してきたにすぎなかったということに気がつき、患者さんたちもそれぞれ長い人生を歩んできた人だったのだと、はじめて人として見ることができるようになった、つまり、患者さん一人ひとりの〝顔〟が見られるようになり、また見ようと努めるようになったということを藤原さんは紹介されました。

それは何もこの患者さんと看護師さんのことだけではありません。今日、社会のあり様というものが、周りの人の顔というものをお互いに見ないようになっているという問題があります。顔とは、人格の全存在を表すものです。顔が見えない社会では、一人ひとりの存在が無機質であったり、ただの数字であったりしてしまうのです。

哲学者エマニエル・レヴィナスが、「顔とは殺すことのできないものである。少なくとも、汝《なんじ》殺すなかれ、と語りかけてくるところに、顔の意味がある」ということを言っています。つまり顔には表情があり、その表情はその人の思いを伝え、表しているもので、その顔からはその人のいろいろな思いを抱えて生きようとしている心、いのちというものがにじみ出ているのです。

だから顔を正視し、直接顔に刃物を突き立てていのちを奪うということは、これまでほとんどなかったわけです。憎しみや怒りや何かのはずみで人を殺すことはあっても、だいたい首から下に刃物を突き立てるのです。しかし現在では、顔に刃物を突き立てる事件が頻発しています。

愛知県の十七歳の少年が、「一度、人を殺すという経験をしてみたかった」という言葉を口にして話題になりましたが、その少年の場合は、まったく自分には関係のない家のお婆さんの顔をメッタ突きにして殺しています。顔をメッタ突きにして殺そうとすれば、顔を直視しなければできません。自分がいのちを奪おうとする人の顔を見つめながら、刃物を突き立てるのです。そののち日をあけず、こんどは静岡県の二十七歳の青年が、駐輪場で女子高校生を殺しています。やはりこれもまったく関係のない女子高校生です。知らせを聞いて駆けつけた女子高校生のお父さんは、事件を報道するテレビカメラに向かい、吹き出すように涙を流しながら、「娘はどういう殺され方をしたと思いますか？　口の中に刃物を突っ込まれて、えぐりとられているんです！」、と訴えておられました。このようにして、周りの人の顔を見ず、誰にも関心をもたず、自分の近くいる人でさえ、ただ「人がいる」、「自分もその多勢の人の中の一人にすぎない」としか見られないような人間が確実に増えているという現代社会の状況を証明する事件が頻発しています。

藤原新也さんがおっしゃるのは、顔が見えなくなってきたという面と、もう一歩進んで、顔が顔でなくなってきたということです。顔は語りかけてくるものだということをまったく感じとれていないのです。ここに、何の感情もなく、その人の顔に刃物を突き立てるという状況が生まれてきます。こうなるともう、「殺してはいけない」理論をどれほど並べてみても、乗り越えられる問題ではなくなってきます。そこに問われてくるのは、その責任は私たち大人にあるのではないかという問題です。大人は子どもの知的な能力を伸ばすことばかりに夢中になって、人間としての感覚をはぐくむことをおろそかにしてきたのではないでしょうか。人は「殺していいよ」と言われて、他人を殺せるような存在ではないはずです。これまでの社会では、人のいのちを奪うことを拒むという感覚は自然とはぐくまれてきたはずです。しかし今日、私たち大人は子どもに対して、そういう人間としての感覚をはぐくむという努力をしていないのではないかという痛烈な反省を迫られています。

そういう人間としての感覚というものが生きる姿勢を作り上げていくわけで、仏教においては歩みの第一に「戒《かい》」ということを置きます。梵語でsila（シーラ）といいますが、原語的には「性格になるまで習慣づける」という意味があります。繰り返すことによって、そのことが性格になっていく、またはそういう性格になるまで習慣づけることが、戒ということのもとの意味です。それが、かつてはそれぞれの家庭生活の中にあったのです。家族どうし

1

the first Lecture

いのちはなぜ尊いのか

宮城　顗

が生活の中で行っている暗黙の行為、そこに習慣づけということがありました。習慣づけには、儀式がひじょうに大きなはたらきをします。生活の中や家庭の中に、その家庭独自の儀式というものがあったわけです。

私は寺に生まれ、四人兄弟でした。子どものころ、正月には暗いうちに叩き起こされて、寒い本堂でガタガタと震えながら、それこそわけのわからないお勤めのあいだずっと座らされました。ようやくお勤めが終わり、鉄瓶から湯気の立つ温かい部屋に行くことができると、父親の前に四人の兄弟が座ります。私は昭和六年生まれですから、子どものころのお年玉といっても十銭でした。当時は大きな一銭玉があって、それを父親が〝カチンカチン〟と一枚ずつ並べていくわけです。自分の前に一銭玉が十枚並んで、喜び勇んでそれを取ろうとすると、父親に〝パシン〟と手を叩かれました。座っている他の兄弟みんなに一銭玉がきちんと十枚並んでから、四人そろって「ありがとうございました」と頭を下げ、それでやっとお年玉を取ることを許されたものです。自分だけというようなことや、われ先に手を出すと、それこそひどく叱られました。そういうところで注意されてきたわけです。これもひとつの儀式だと思うのです。

しかし今日ではそういうことはとても成り立ちません。私にはいま孫が九人おり、正月になると遊びに来るのですが、われ先にと手を出すわけです。こっちもいけないのですが、昔のことを思い出しながらも、現実には孫に〝ホイホイ〟とお年玉をやってしまう。見ていると、袋の中を覗いて、「やった」と言う者、「チェッ」と言う者、いろいろいます。こういうところで、人間としての感覚を伝えるということをしなければならなかったと、あらためて考えさせられます。家庭内でそういう習慣をもたないということは、それはそのまま周りの人への気配りができず、われ先にという姿勢をもたせてしまうことにつながっていきます。顔にはいろんな感情が印《しる》されているわけですから、周りの人の顔を見るということは、周囲の人たちに対しての気配りの必要性がわかってくるということなのです。

井上ひさしさんの「ひさし響談《こうだん》」という毎日新聞の連載記事（一九九三年八月九日）に次のようなことが紹介されていました。それは、アメリカのジャーナリストで聞き書きの名手であるスタッズ・ターケルという人の六番目の聞き書き集『よい戦争』（晶文社）についての記事で、この本には百三十人を越える人々の証言が集められているそうです。

その中にビル・バーニーという、長崎への原爆投下に参加した〝射爆士〟への聞き書きがあります。ビル・バーニーは、原爆を投下する飛行機に乗っていたので、上空から下の様子

を見ることができたのです。「投下したとき下がどうなっているか見たのか」というターケルの質問に、

おう、もちろん。一面の火の海がみえた。文字どおり一面の火の海だ。

と、こういう答え方をしています。そこでは火の中で死んでいった人々の顔はまったく見えていません。

それに対して、ビクター・トリーという海兵隊員の聞き書きにはこう書いてあります。ビクター・トリーは原爆投下五十日後、「人間が入れるようになるまで百年はかかるだろう」といわれていた長崎に上陸したそうです。

幼い子どもたちが、全身、赤むけだったり焼けただれたりするんだ。何マイルも、あとかたもないんだ。まったくなんにもだよ。ただの瓦礫だ。

と語っています。「ある日、仲間からはぐれた彼は、町外れで一人の男の子と話しをします。すると」、

このちびさんが家にかけあがっていって、父さんをつれておりてくる。たいへんいい感じの日本の紳士だ。英語が話せる。おじぎをして「おあがりになって、お茶でもごいっしょできれば光栄です」というんだ。それで、この見ず知らずの日本の家にあがりこん

だんだよ。炉だなみたいなところに若い日本兵の写真があるので、「息子さんですか」ってきいてみた。「これは娘の夫で、生きているかどうかわからない。何も聞いていないのです」というんだ。彼がそういった瞬間、私たちと同じように日本人も苦しむんだってことがわかりはじめたんだ。彼らは、息子たち、娘たち、親類を失っているんだ。彼らも苦しむんだってね。……（日本人は残酷な猿だという教育を受けてきたけれども）あの瞬間を私は忘れないよ。家を出るとき、その子が私の手をはなさないんだ。……（政府だろうが）大統領だろうが誰がなんといおうとだめだよ。私は自分で考えなければならないんだ。そしてみたものは、みたんだ。私たちは、あのふたつの原爆を軍事施設に落としたんじゃない。私たちは、女たち子どもたちの上に落としたんだ。私がとんだりはねたり、相棒とだきあって、得意になってたその瞬間に、道路に幼い赤んぼがころがっていて、黒こげに、焼かれて、生き残るチャンスがない。七万五千人の人間がいて、生きて、呼吸して、食べて、生きたがっていた。それが一瞬にして黒こげにされてしまった。これはアメリカが永遠に背負わなければならないものだ、と私は思う。

そして井上さんは、

人間はもう一度、過ちを繰り返そうとしているかのように思えるときもあるのです。

と書いておられます。人の顔の見えない上空から下の戦火を見ていただけのビル・バーニーと、上陸して、爆弾で焼けただれた人たち、そしてその戦争で生死がどうなっているかわからない自分の家族のことを心配し悲しんでいる顔、そういうものを見たビクター・トリーとの大きな違いです。顔を見るということの大きな意味、そして顔を見ることによって、その人への気遣い、気配りというものが呼び覚まされていく、そういう感覚を私たちは大事にしなければならないのではないでしょうか。そのためには、その感覚が具体的な生活の事柄の中で、はぐくまれていかなければならないと強く感じます。

三　常識とは共有感覚

次に、萩野弘巳《はぎのひろみ》さん（翻訳者・エッセイスト）の「人を〝壊す〟テレビ番組に異議」（朝日新聞、二〇〇一年二月六日）という文章を紹介します。

十七歳の少年が東京・新宿のビデオ店に手製の爆弾を投げ込んだ事件は、最近の少年による特異な事件とさまざまに比較された。とくに、少年が人を「殺す」と言わず、「壊してみたかった」と言ったということで注目される。

こういうレベルにまで、今日の若い人たちの感覚は歪んできています。つまり、人間としてのつながりや出会いをもてなくなってきているということです。

私たち人間にとって、感覚ということはひじょうに大きく深い問題です。常識という言葉は英語で「コモンセンス」といいますが、これはコモン（共有の）センス（感覚）ということです。常識について、『広辞苑』には「普通、一般人が持ち、また、持っているべき知識。専門的知識でない一般的知識とともに理解力、判断力、思慮分別などを含む」という説明がされていますが、感覚という言葉は出ていません。『大辞林』では、常識の項目のうしろのほうに、「共通感覚」という言葉が出ています。感覚とは我々が共通にもっているものにちがいありません。しかし、現在それをもっていない人間が存在しはじめているのです。そこに何か大きな問題が起こっているように思われます。

次に、及川健二君という高校二年生の、『週刊金曜日』（一九九八年三月十三日）に掲載された文章を取り上げます。「人はなぜ人を殺してはいけないの？」という言葉は一九九七年のことですが、これは翌年三月の記事です。ここには言語能力ということが書かれています。

突然、男子中学生がキレて、人を刺す。「拳銃が欲しかったから」とか、「ムカついたから」という理由にならない理由で人を刺している。こんなことは街では以前からよくある風景だった。いま、街で起きていたことが学校でも起きるようになったのだ。たとえば、ただ街を歩いているだけなのに、ガンをつけられたといわれ、ボコボコにされる。こんなことは、終わりなき日常だ。

そして、

それにしても、なぜ女の子はキレないのだろう?

ボクが思うに、女の子はアタマがいいし、言語能力が発達しているからだと思う。コギャル用語という言葉に代表されるように、妙《みょう》を得たコトバは、ほとんど女の子カルチャーのモノである。女の子の頭の良さはマンガが象徴している。

『ふしぎ遊戯』(小学館)という戦いもの系の少女マンガがある。これも超大ブレイクして、アニメ化されている。オトコの戦いもの系といえば、『ドラゴンボールZ』(集英社)や『魁男塾《さきがけおとこじゅく》』(集英社)に代表されるように、ただ戦うだけである。けど、『ふしぎ遊戯』などの少女マンガには、人間の葛藤や複雑な人間関係が描かれている。強い敵が現れてそれを倒し、また強い敵が現れるという単純な男子マンガっぽいところはまったくといっていいほどない。

とあり、最後は、

女の子はまったり生きているのに、対して男の子はまったりできないでいる。

と締めくくられています。「まったり」という言葉で女の子の人間的な生き方を表し、その元にある男の子と女の子の違いを言語能力の違いだと書いています。男の子は言語能力がないから、結局身体で表現してしまうということになる、それが周りの者に対する暴力になってしまうと。ここでは言語能力ということで押さえられているように、言語能力はたしかに、自らが伝えたいことをいろいろと苦心しながらも相手に伝えようと努力し、そして相手の言おうとすることを聞き取ろうとする精神の営みをともなうものです。及川君は、言語能力をもっと、相手を単にモノとして扱ったり、感覚的にすぐに暴力に走ったりするということがなくなると指摘しているのだろうと思います。

言語能力ということも含めて、私はそういう感覚をどのようにして今の若い人たちに伝えていけばよいのか、そのことを今こそ一所懸命に考えなければならないのではないかと思います。そしてそこには、人間というものを根っ子の部分でどう受け止めていくのかという問題が、当然問われてくるのだと思います。

四 〝いのち〟は〝ぬくもり〟

仏教において、いのちをどのように押さえているのかを考えていきたいと思います。玉城康四郎さんが書いておられる文章を紹介します。まず『倶舎論』を引用されます。

論じて曰《いわ》く。命《めい》の体《たい》は即ち壽《じゅ》なり。何なる法を壽と名く。謂《いわ》く別法有り。能《よ》く煖《だん》と識《しき》とを持するを説きて名づけて壽と為《な》す。（『倶舎論』第五）

「体」ということを考えるとき、私の恩師がひじょうに面白い見方を教えてくださいました。「〝体〟とはやかんの取っ手だ」と。つまり、やかんの取っ手を持ち上げれば、やかん全体が持ち上がる。やかんそのものを持ち上げなくても、取っ手さえ持ち上げれば、やかん全体が同時に持ち上がる。そういうことを「体」というのだと。「命の体は即ち壽なり」とありますから、「命」ということを押さえるのにもいろいろありますが、「壽」ということを押さえれば全体が押さえられていく、という意味が「体」なのです。

この「命の体は即ち壽なり」の「壽」という言葉はもともと、長く連なるという意味を表します。ですから「壽」は年老いるまで、老に至るまで長く連なるいのちという意味です。

いのちが生まれてから成長し、老いていくという歩みがあります。「壽」という捉え方では、いのちを歩みとして捉えるということが大事になってきます。

今日、例えばバイオテクノロジーなどによって、いのちが科学的に解き明かされてきました。しかし科学的な手法というものは、すべての存在を、成り立たせている要素に還元していきます。存在をバラバラにして、要素に還《かえ》していきます。遺伝子とかヒトゲノムというのがその要素のことです。人というものはどんな要素の組み合わせで、どういうシステムで成り立ち、いのちを営んでいるのかと、要素に還元して、存在のシステムを明らかにしていき、それが明らかになったところで、「では、こうすればいのちができるのではないか」と〝いのちを作る〟ということが行われます。科学技術でもって死を操作し、そして生を創り出していくということが行われはじめているのです。そこでは、いのちが要素のレベルで捉えられています。

それに対して「壽」は、いのちというものがあるのではなくて、いのちという営みがあるのだ、という考え方から出た言葉です。いのちはどこにあるのかと問われれば、生きているという事実の中にあり、それを離れていのちというものはありません。仏教ではこれを「出入息《しゅつにゅうそく》」という言い方で押さえます。

同時に、「識《しき》」という言葉についても考えてみたいと思います。「識」とは「意識」あるいは「意識作用」のことです。今日、いのちということ、いわゆる生きているということを、意識があるということで押さえます。もう人間としての意識がはたらかず、絶対に意識が戻ることがないと判断されたときには、その人は生きていないとします。脳死の場合も、意識が戻るかどうかが、生きているかいないかを判定する大事な要素とされます。

これに関しても私の認識では、はたして人間の意識の有無の事実がほんとうにわかるのかという疑問があります。私の友人が工業大学に勤務していたときのことですが、同僚の医学部の先生が脳溢血で倒れて、一週間ほどまったく意識がなかったそうです。意識がなく、ただ寝ているだけだったのですが、その間毎日病室に来ておられたある看護師さんはいつもその先生の肩をぽんと叩いて、「おはようございます」と声をかけておられたのだそうです。もちろん反応は何もないわけです。ところが、幸い一週間後に意識が戻り恢復されたその時に、その先生は「自分がこの一週間耐えられたのは、あの看護師さんが毎日〝おはようございます〟と声をかけてくれたからだ。それがものすごく大きな支えになった。意識がないと思っていただろうけれど、ぜんぶ覚えている」と言われたそうです。そして、「自分は医者としてほんとうに恥ずかしいことをしてきた。今まで、私と同じような状態になった人は意識がないものとして扱ってきた。だけどそうではなかった」と、おっしゃったのだそうです。それが一部の人だけにあてはまることなのか、外側から見て意識がないと思われる状態でも意識ははたらいていると言い切れるのか、私にはわかりませんが、少なくとも私たちから見て「この人は意識がない」と決めつけている状態が、はたしてほんとうはどうなのかということが問われているのです。人間の意識の深さを外に表れる脳波などだけで計り、その針が動かなくなると死んだと言い切っていいのでしょうか。

前出の玉城さんが引用された『倶舎論』の中で、もう一つ重要な文字は「煖」です。「煖」とは〝ぬくもり〟です。いのちの大きな要素として、ぬくもりということがいわれています。ぬくもりとは、そこにいろいろな力がはたらいているということです。意識だけで捉えると、ぬくもりがあっても、意識はもう戻らないだろうから、人間としてのいのちはもうないと判定されます。

「こうなって、こうなっているから、こうだ」と生命を捉え、事細かに分解して調べれば調べるほど、私たちの実感としてのいのちというものはわからなくなってしまいます。しかし、仏教ではいのちを「壽」として押さえています。それは、いのちというものを移りゆくもの、営みとして押さえるということです。そしてその営みは、「命」と「識」と「煖」ということによって押さえていきます。

そのことを玉城康四郎さんは、

この全人格の統括体をブッダは、業熟体《ごうじゅくたい》と名づけている。漢訳では「業異熟《ごういじゅく》」といわれているものである。業熟体についてはここに論述するいとまがないから、結論だけ述べると次のようになる。

「無限の過去から、生きとし生けるもの、ありとあらゆるものと交わりながら、生きかわり死にかわり、死にかわり生きかわりして輪廻転生して、いま、ここに現れている生存の統括体、それが業熟体である。それは、自己の存在でありながら、自意識も届かない、限りなく深い統括体であると同時に、すべてのものとの交わりの中にあるがゆえに、宇宙共同体の結び目である。私的存在の極限であると共に、もっとも公的なものである」

（別冊『仏教』4、法藏館）

と説明されています。いのちというものに限りない歴史が感じ取れる文章です。今この身に受け取っているいのちというものは、限りない歴史と限りない交わりをもって与えられていて、その歴史を受け止め、交わりを生きるところに、私という主体があるということです。

今日ではその主体を「個」として捉えます。「個」とはつまり、もうこれ以上分割することのできない最小単位のことです。私たちは立場上やむなくやっているようなこともたくさんあり、「これは俺の本心じゃない」という思いも抱えています。そういう「個」としての私というものを削り取り、もうこれ以上分割できないというところに現れてきたもの、それが私自身だと、そういう捉え方が「個」ということの根っ子にあるわけです。そこでは関係を断ち切っていくなかで、自己というものが捉えられていきます。

それに対して玉城さんが指摘しておられるのは、「個」が断ち切ってしまった関係の中にこそ自己があり、関わりを受け止めて生きていくところにこそ、その存在の主体性があるのだということです。だから私というものや、私のいのちというものは自意識では計れないのだというのです。私の自意識で計れるようなそんな小さく狭いものではなく、限りない深さと広がりをもったものこそ自己なのだということが押さえられています。

ただその広がりということを考えるうえで、「生」と「死」という問題があるのですが、もう一つ「殺」という問題もあります。私たちは限りない関わりの中で生きているわけですが、私は、その周りの多くのいのちをいただかなくては生きていけない存在です。生き続けるということは、殺し続けるということでもあるわけです。毎日毎日、他のいのちをいただかなくては私のいのちは保たれないのです。

五　〝いのち〟を大切にするとは

無着成恭《むちゃくせいきょう》さん（禅宗僧侶、教育者）が子どもたちの文章を集めて、『ヘソの詩』（毎日新聞社）という一冊の本を出されています。その中に小学六年生の山崎まどかさんの作文が載っています。学校から小さな動物が飼われている近くの動物園に遊びに行って、ヒツジやガチョウなど、いろいろな動物と遊んだそうです。先生か施設の方がおっしゃったのかわかりませんが、「このニワトリかわいいだろう。だけど、このニワトリを殺して私たちは生きているんだよ」ということを聞いたらしいのです。それを聞いて、山崎まどかさんはこんな作文を書いています。

人間は生きるために、にわとりも殺さなくちゃいけないし、豚も殺さなくちゃいけない。生きるってことは、ずい分、迷惑をかけることなんだなぁ。自分で自分のことを全部できたら、ひとはひとりぼっちになってしまう。他人に迷惑をかけるということは、そのひととつながりをもつことなんだ。他人の世話をするってことは、そのひとに愛をもつことなんだ。生きるってことは、たくさんないのちとつながりをもつことなんだ。お乳をやった私に、温かい身体をおしつけてきた子牛を私は思った。

子ども心にも、生きるということはずいぶん迷惑をかけることで、他のいのちをいただかなくては生きていけないんだと思ったのですね。つまり、生きることと殺すことの絶対的な矛盾に気づいたのです。

先日、保育士さんの研修会に参加したときに、一人の方が質問をされました。

「いのちを大事にしましょうということを、いろいろな小さな動物を飼いながら教えています。ところが食事の時間になったら、しっかり食べなさいと言います。そうしたら一人の子どもが、〝これ食べていいの？〟と聞いたのです。小さな動物を飼わせて、いのちを大切にしなさい、小さないのちも大事にしなさいと、一所懸命にいのちの大切さを教えていますが、一方で、しっかり食べなさいと言う。食事に出るのは魚だったり鶏の唐揚げだったりします。その問いを突きつけられて、私はどう答えればよかったのでしょうか。」

こう質問されたのですが、これにうまく筋道をつけて納得してもらえる答えなんてないでしょう。どんないのちも生きようとしているいのちです。その生きようとしているいのちを奪っているわけです。奪うことをやめれば、この身に受けている自分のいのちを捨てなければならないという、絶対的な矛盾を私たちは抱えています。問題はそのことにどれほどの悲しみを心に刻んで生きていくかということです。

今日のテレビ番組はグルメ狂乱です。困りものなのは、早食い競争や大食い競争など、人間性の欠片《かけら》も感じられない番組が横行していることです。愛知県の中学生がテレビのまねをして給食の早食い競争をし、一人がのどを詰まらせて死亡したという事件まで起こりました。そのことでテレビ局に抗議が寄せられましたが、「あれは特別な才能をもっている人の紹介をしたので、まねされるとは考えていなかった」という返事だったそうです。私たちがいかに傲慢な生き方をしてきたかということの証だと思うのですが、いのちということを問いながらも、私たちは人間中心の傲慢な精神で生きています。他のいのちをいただいているということは、私たちの悲しむべき問題であり、心に刻まなければならない問題であって、大いばりでできる行為ではないはずです。そうであるからこそ、心の底から〝いただきます〟と頭を下げずにはおれないことが今ここに起きているのだと、気づかなければならないのだと思うのです。

作家の高史明《こさみょん》さんの文章を紹介させていただきます。高史明さんの息子さんは、十二歳の時に自らいのちを絶ってしまいました。高さんはそれについて、深い悲しみを抱えて生きてこられました。そして、そのなかで真宗の教えに出遇っていかれました。以下は、その高さんの言葉です。

たとえば、その子が中学の一年生になり、その入学式があった日のことが、いまあらためて思い返される。私は中学生になった子を祝って、大真面目でいったのであった。

○今日から君は、中学生だ。これからは自分のことは自分で責任を取るようにしなさい。

○他人に迷惑をかけないようにすること。

○他人に迷惑をかけず、自分のことを自分で責任を取るならば、お父さんは、これからいっさい君に干渉しないことにしよう。

これがそのときの私の大かたの言葉なのである。私はこれが、子の幸せに通じると思っていったのであった。だが、「他人に迷惑をかけるな」とは、なんであったか。私はそのときこの言葉によって、それまでに子の心身に蓄えられていた他人との生きた連なりを、ばっさりと削り取ってしまったのである。いやそれだけではない、それは生きとし生けるものとの連なりのすべてを切り落としてしまうことでもあったというほかない。いったいこの世に生きていて、他人や他の生き物の助けを、まったく受けない生というものがありうるであろうか。「迷惑をかけるな」とは、その生きた事実のあらためての確認から始まるのである。ところが私は、同じ「迷惑をかけるな」という言葉でもって、それまでの連なりをなかったものとしたのであった。その生きとし生けるものとの生きた連なり、そして他人との生きた連なりを失った上に成立する自分とは、なんであろう。

現代人の〝自分〟とは、なんと深い孤独と不信を抱え込むものであることか。これが他人との連なりもろとも、生きとし生けるものとの、生きた連なりを喪失した人間中心の個我の内実なのである。現代人の〝自分〟の中身なのである。子が中学生になったとき、私が子に与えた言葉は、深い闇を孕んでいたのである。私は違う言葉を与えるべきだったのであった。

「君は今日から中学生だ。ここにくるまでに、どれほどの人に迷惑をかけ、助けを戴いてきたことか。人間だけではない、どれほど多くの生き物の助けを戴いていることか。いまこそそれをしっかりと知ってほしい。それこそが自分のことを、自分で責任を取ることの始まりになるのだ」と。

私はしかし、それがいえなかったのであった。なぜか。すべてを自分中心に見る、自分のチエに惑わされていたからであった。そして、それこそがまた、子を死へと導くチエでもあったのだ。

(高史明『いま、子どもたちの闇は』アドバンテージサーバー)


岡真史君という十二歳で亡くなった高史明さんの息子さんが書き残された、たくさんの詩が見つかりました。それを高さんが『ぼくは十二歳―岡真史詩集』(筑摩書房)という一冊の詩集にまとめられました。それを読むと、岡君はひりひりするような感覚をもち、ほんとうに真剣に生きようとした少年であったことがよくわかります。それだけに、「他人に迷惑をかけるな」というお父さんの言葉を真剣に受け止め、「迷惑をかけないためには関係を絶つ」という判断をしたわけです。関係をもてばかならず迷惑をかけてしまうと思ったわけです。もちろん、高さんのその時の言葉が自殺の動機ということではないのでしょうが、しかし、その言葉が少年の心を孤独なものにしていったということは、たしかにあったのかもしれません。高さんは、「こう言うべきだった」と言われていますが、そこには仏教が人間として生きていく出発点として説いていることが、ある意味で的確に表されていると私は感じています。

1 the first Lecture

いのちはなぜ尊いのか ● 宮城　顗

実に多くのお蔭を受けて生きている私の、それこそ自意識の届かない深さや広がりをたまわっているいのち。それは限りないいのちのお蔭を受けて、今こうして生きているという事実です。そのことをしっかりと知るということから、いのちの尊さを知ることは始まるのです。身に受けている事実をしっかりといただき、受け止めていくということからしか始まらないのです。それを知的な眼をもったつもりで、すべてをばらばらにして、物事を理解したつもりになり、そこに立って生きていくとき、生き方が人間中心になってしまうという大きな病を抱えることになります。ほんとうに身が据えられたら、「人はなぜ人を殺してはいけないのか」というような問いは決して生まれてこないでしょう。身に受けて生きていくいのちの深さ、広さを、そして恩徳ということを知るときに、私たちは自分のいのちを虚しくは生きられないし、同時に他のいのちを決して無駄には扱えないということが思われてくるのではないでしょうか。

the second Lecture

2

無量寿としてのいのちと信

長谷正當

長谷正當（はせ・しょうとう）

1937年生まれ。京都大学大学院文学研究科博士課程。京都大学教授を経て、現在大谷大学文学部特任教授。文学博士。

主著：『思想史の巨人たち』（共著、北樹出版）、『象徴と想像力』（創文社）、『現代宗教思想を学ぶ人のために』（共編、世界思想社）、『欲望の哲学—浄土教世界の思索—』『心に映る無限—空のイマージュ化—』（以上、法藏館）

「無量寿としてのいのちと欲生心《よくしょうしん》」（2003年度仁愛大学「公開講座」）

2003年11月15日（土）／於：仁愛大学

2

the second Lecture

無量寿としてのいのちと信　●　長谷正當

一　無限の肯定

「生命」あるいは「いのち」とは何か。とりわけ宗教において「いのち」とはどのようなことをいうのでしょうか。

「いのちを大切にしましょう」とか、「いのちを大事にしましょう」と言われるのを私たちはよく耳にしますが、この言葉は、それがどのようなことを意味するのかはっきりしないいま用いられているようです。いのちは一つしかない大事な持ち物で、死ねばなくなるから、できるだけ長持ちさせようとして、そう言うのでしょうか。そう思われる節もないではありません。それなら、死ねばなくなるようないのちはそれほど大切にすべきものなのだろうか、また、いったいいのちを自分の持ち物のように扱うことができるのだろうか、という疑問や反論がすぐに浮かんでくるはずです。

実際、「いのち」と「私」との繋がりを考えてみると、その関係は単純ではありません。一面では、いのちは私がそれを生きるのですから、そのかぎり「私」が主で、「いのち」は従です。しかし、いのちは私がそのなかで生まれ、生き、そして死ぬものとして、私を無限に超えています。そこでは、私が生きているというより、むしろ生かされているのであって、「いのち」が主で、「私」は従です。そこでは「いのちを大切にしましょう」ということすら、実は言えないはずです。

それなら、「いのちを大切にしましょう」ということはまったくナンセンスなことでしょうか。そうではありません。しかしそれは、いのちは死ねばなくなってしまうからではなく、死んでなくなるいのちの内に、決して死なないもの、いわば「無量のいのち」（無量寿）が宿されているからです。

では、「無量のいのち」とは何でしょうか。それは「無限の肯定の原理」だと言い得るように思います。いのちが尊ばれなければならないのは、それが内に自己自身を無限に肯定する「永遠のいのち」を宿しているからであり、それが私において自らを実現し、成就《じょうじゅ》されることを求めているからなのです。

ところで、いのちの内にはたらいている無限の肯定の原理とは何でしょうか。逆説的ですが、それは、私をして狭い自分を乗り越えさせるもの、自分へのこだわりを消して、自分を忘れさせるものと言い得るのではないかと思います。それに触れることですべてをお任せして差し支えないと思われてくるもの、死んでもよいと思われてくるもの、と言ってよいように思います。自分が死んでも差し支えないと思われてくるところに、自己の不死が成就し、完成するとは何か奇妙で矛盾したことのようですが、宗教の根本ないし要《かなめ》はこの事実を掴み、納得することにあります。そして、この事実を納得せしめるところに無限の肯定の原理のはたらきがあるのです。

私たちが死んでもよいと思われてくるのはどのようなときでしょうか。それは自己の根源の要求が満たされたとき、自分が完全に肯定されて真に満足するに至ったときです。そのような無限の肯定の原理が私の「いのち」を貫いてはたらき、私において満足し、成就することを求めています。そして、私たちはその肯定の原理に触れることで、自己を離れ、安んじて死んでゆくことができる。それゆえ、私たちが生きていることの意義ないし課題とは、その無限の肯定の原理に触れて、そのなかに自己を見いだすことです。「いのちを大切にしましょう」ということの意義はここにおいて捉えられなければなりません。

私たちは通常、自分を超え自分を離れることができるのは、自己を否定することによってであると考えますが、それは厳しい自己認識ではあっても、正しい自己把握ではありません。むしろ、私たちは真に肯定されることで、自分を忘れ、離れることができることを知らなければなりません。肯定され、承認されることによって、自分へのこだわりを離れ、自分の死を受け容れることができるのです。反対に、自分にこだわり、「死んでたまるか、このまま死ねるか」と自分にしがみつくときは、自分が無視されてわびしく、孤独なときです。それは自己が、その根底において、無限の自己肯定を成就せしめる永遠のいのちからかけ離れているときです。

金子大榮師がどこかで述べられていたことですが、師は、人が幸福を感じるとき、その思いをどのように表現するかと問うて、それは「死んでもよい」という言葉だと言っておられます。私たちが「死んでもよい」と思うときは、自己が真に満たされ、肯定されたときです。反対に、「このままでは死ねない」と思うときは不幸なときで、自己肯定から程遠いところで生きているときです。不幸について深い思索をめぐらしたフランスの哲学者、シモーヌ・ヴェイユは、不幸とは「自己嫌悪」と「自己侮蔑」の念で自分の心が押しつぶされることだと述べていますが、それは自己肯定から最も離れたところ、自己肯定の外にいわば吸い出された有り様を示しています。私たちは、いのちの底にはたらいている無限の肯定の原理に触れて、完全な自己肯定を実現するに至ることで、はじめて自己に安んじることができます。永遠のいのちに触れるということは、このように無限の自己肯定に至って、自己を離れることができるということです。そのような自己肯定を伴うのでなければ、永遠のいのちといっても、それは言葉だけのものにすぎません。

無限の肯定の原理である「永遠のいのち」が私たちを貫いてはたらいているといっても、そのことを証拠だてるものは何かあるのでしょうか。それはあります。その証拠は私たちに最も身近なところ、私たちが自分を決して見捨てることがないという事実のうちにあるのです。私たちは自分以外のものを簡単に見限ったり、見捨てたりしますが、決して自分を見捨てることはありません。「ほとほと自分に愛想が尽きた」、「自分に嫌気がさした」と口で言っても、心の底から自分を見限ることはありません。自己を侮蔑することがこのうえなく辛いのも、自己を見捨てることができないからです。自己を見捨てることができないということは、度《ど》し難《がた》いエゴイズムの現れと考えられるかもしれませんが、そうではありません。自分を見捨てないのは、自分の内に自己を超えた無限の肯定の原理がはたらいていて、見捨てさせないからなのです。これは実に不思議なことですが、そこに真に豊かな思想の源泉となる深い意味が秘められています。

このように、私たちは自分を見捨てないことをエゴイズム、利己主義、自己執着、煩悩として捉え、これを否定して無私となるところに自己の本分があると考えがちですが、それは間違いであって、この自分を見捨てないという自己愛の内に無限の自己肯定の要求を捉え、それを満足させ、実現し、成就することに意を尽くさなければなりません。自己を否定することによってではなく、自己を肯定することによって、私たちは真の無私に至り得るのだということを見逃してはなりません。自分を見捨てることがないという私たちの自己愛の内に、無限の肯定の原理としての「無量寿」が入り込んではたらき、その実現を求めているのです。それは花が蕾として内に閉じていることが、やがてそれが開花するのを準備し、内から護っていることと同様です。「いのちを大切にする」ことは、私の内にはたらいているそのような無限の肯定の原理に深く思いを致し、それを成就せしめることでなければなりません。

いのちの内にはたらいているこの肯定の原理は、浄土教においては「無量のいのち」(無量寿)としての「阿弥陀如来」として捉えられてきました。そして、自己の底にはたらいている無量のいのちを自己において実現することが、「信」ということにほかなりません。ここでは、そのような角度から「いのち」を追究したいと思いますが、それに先立って、今日、「生命」ないし「いのち」がどのように捉えられているか、生命を考察する多様な視点をひとまず概観し、整理しておきたいと思います。

二 生命を考察する諸次元

今日、「生命」や「いのち」については、さまざまな領域においてさまざまな仕方で追究されています。例えば、科学や医学、教育や宗教において、「生命」や「いのち」はそれぞれ異なった視点ないし角度から論じられ、追究されています。しかし、そのために「いのち」は多様な様相をとり、そのどれを主として生命を捉えたらよいかわからなくなってもいます。とくに、宗教において「いのち」はどのようなことをいうのかが曖昧となっています。そこで差し当たって、いのちを考察する角度ないし諸次元を区分し、整理しておくことが必要だと思われます。

第一に、今日最も華々しく論じられ、人々の注目を集めているのは、生命科学や先端医療において追究されている生命です。ここでは生命は微視的な角度から追究されています。生命は遺伝子や生殖細胞や脳細胞などの仕組みを究明することを通して追究され、それによって生命の謎が解明され得るとすら考えられています。高性能の電子顕微鏡の発明がそのような微視的な角度からの探究を可能にしました。生命はそこでは、ちょうど物理学が物質を分子や原子構造の次元において解明するように、最も微細な細胞や遺伝子の次元に引き戻して捉えられています。そして、そのような角度からの研究がもたらした成果は、今日見られるように目を見張るばかりです。

現代の生命科学や先端医療が、遺伝子操作やクローニングという細胞操作を通して、これまで自然の状態では存在しなかった新しい生命体を生み出したのですが、それは現代の物理学が物質の原子核を操作することで、それまで地上になかった核エネルギーを生み出したことに匹敵します。生命科学や先端医療は、物質に適用された物理・工学の方法を今度は物質から生命に移し替えることで、そのような成果をもたらしたのです。しかしそこでは、生命といっても、実は物質として考察されていることを見逃してはなりません。

たしかに、生命にはそのように物質として捉え、操作され得る面がありますが、そのように見られた生命は生命の一面を抽象したものにすぎません。それは生理学的・生物学的生命の次元にしか当てはまりません。そこでは生命は客体として、また物質として観察され、操作されており、生きてはおらず、死んでいます。

生命の本質は、それが生きているというところで捉えられなければなりません。生きているということは、生命が他のものと関わりながら、自己同一性、つまり「自」を保っているということです。生命が他のものとの関わりにおいて自己自身を保持しているところに、それが生きているということの証があるのです。それは、生命が環境との関わりにおいて自らを維持しているということです。生命は世界のなかに孤立してポツンとあるのではなく、環境と関わり、環境から水や空気や食物を摂取して生きています。そこでは、私の吸って吐いた空気を他の動植物もまたこれを吸って吐いているという具合に、個々の生命は水や空気、環境を通じて相互に繋がりながら、共棲しています。そのような巨視的な角度から生命を捉えるのが生態学です。

生命を環境との関わりにおいて捉えるということは、生命を「生」や「生活」として捉えることです。人間をとりまく環境は自然環境だけではありません。そこには自然環境の外に、人間環境つまり文化的・社会的・歴史的環境が含まれ、それに応じて自然的生、文化的生・社会的生・歴史的生が区別されます。生命を物質とみなすところに生命科学があるとすると、生命を生あるいは生活とみなすところには、芸術、宗教、倫理、歴史などの人文科学が成立します。生命はここでは「情意」や「心」として内に感じられ、主体的に生きるものとなります。生命が「いのち」と呼ばれるようになるのは、このようにいのちが内面化されるときです。文学や芸術、とりわけ宗教が関わるのはそのような「いのち」としての生命です。

人間にとって大切なのは、そのように「いのち」として内に感じられる生命です。それは外に客体として捉えられる生物的・心理的生命の次元を無限に超えて、私たちの存在の無限の深みから意識ないし心の内に出現してきます。そのような、人間を超えた深みから私たちの心に湧出してくる「いのち」は、「仏のいのち」、あるいは「阿弥陀如来のいのち」と呼ばれるものに繋がっています。

大切なことは、「いのち」とは私たちの心において感じられ、反省され、自覚されるものであって、客体として自己の外に観察される対象ではないということです。古来から、宗教において「安心」、「喜び」、「悟り」、「救い」、「涅槃」、「浄土」、「荘厳」などの言葉で語られてきたのは、そのような「心」に出現した「無量のいのち」の感触にほかなりません。そのような無量のいのちは、浄土教では古来から「阿弥陀如来」として、さらには如来の「願心」ないし「本願」などと呼ばれてきました。浄土真宗において「いのち」といわれるものは、何よりもまず「阿弥陀如来」であり、「無量のいのち」であることが忘れられてはなりません。その無量のいのちを「心」において感じとることが「信」として捉えられてきたことなのです。

信において注目されるのは、そのような無量のいのちとの接触が人間の無上の喜びをもたらし、苦悩を超えさせ、限りのない平安をもたらすということです。浄土真宗はそのような阿弥陀如来の「いのち」との接触を「信」として、その根幹に捉えてきたのです。

阿弥陀如来のいのちとの接触としての信に立ち入るまえに、これまで述べたことを、玉城康四郎氏の考えを借りて整理しておきたいと思います。玉城氏は、生命を次の七つの次元に分けて考察しています。

(1) 分子生物学の生命
(2) 大脳生理学の生命
(3) 医学の生命 （以上、客観的生命）
(4) 自己意識の生命
(5) 無意識的自己の生命
(6) 人格的身体の生命 （以上、主体的生命）
(1)〜(6) 閉じられた生命
(7) 開放的自己の生命 開かれた生命

（玉城康四郎、高史明、児玉暁洋『いのちと心――二十一世紀に向けて――』彌生書房）

玉城氏のこの区分は先に述べたことを要約して示していますので、この区分に従って整理し直してみます。

最初の⑴〜⑶の客観的生命の諸次元は、先に私が述べました生命科学や先端医療において捉えられた生命の次元です。次の⑷〜⑹の主体的生命の諸次元は、生態学において見られるとした生命の次元です。この次元では、生命は対象としてではなく、主体として、意識ないし心として捉えられています。そして、その主体的生命の底に、玉城氏はさらに⑺「開放的自己の生命」（開かれた生命）を捉えています。そして、これが宗教的生命の次元であり、それに目覚めるところに人間の究極の使命があるとされています。

自己を軸にしてこれらの生命の諸段階を見た場合、それらは自己からいちばん遠い分子生物学の生命の次元から、自己にだんだん近づいてくる段階を示しています。抽象的な生命から、だんだん具体的になってくる。あるいは、表面的・外観的ないのちから深層的または内面的ないのちに深まってゆくという経路としても考えられます。

つまり、最初の客観的生命の諸次元においては、生命は外からいわば物として眺められ、観察されています。そこでは、生命は生きた私であるということが見失われています。次の主体的生命の諸次元では、生命は意識ないし心となります。しかし、その意識の底には、さらに無意識の底に沈んでいて自覚に上ってこない深い生命が隠されています。生命はそこでは無意識に根を下ろしながら、宇宙全体と繋がり、無限の過去から現在の自分にまで至り、そして果てしない未来へ向かって流れています。

玉城氏は、この(5)「無意識的自己の生命」の底にさらに(6)「人格的身体の生命」を捉え、それを「業体《ごうたい》」ないし「宿業《しゅくごう》の身体」と呼んでいます。この人格的身体の生命は分子生物学、大脳生理学、医学、自己意識、無意識的自己といった(1)〜(5)の生命の諸次元の全体を引き受けて、今、ここに現れ出ており、それが現在の私を成り立たしめているとされます。そして私は、その生命全体を通して、全宇宙に広がっています。ただ、この人格的身体の生命は宇宙全体に連なりながら、無意識のうちに閉ざされて、自覚に上ってくることがなく、その限り、それは閉じられています。

この宇宙全体に広がると同時に無限の過去を背負った業体としての人格的身体の生命のなかで無意識のうちに眠っていたいのちが私において目覚めてくる。それが(7)「開放的自己の生命」です。ここにおいて、以前の諸段階において自己に閉じられていた生命が自分自身の内から開かれ、自覚に上ってきます。限りなく開放されて目覚め、躍ってきます。そこに「無量寿」(めでたいいのち)、「生きて甲斐あれ」といういのちがあり、それが宗教において捉えられる生命だと玉城氏は述べています。

三　無量寿としてのいのち

宗教において自覚される「いのち」が、いわゆる生物学的な生命を内に包みながら、それを超えて、その底に秘められた深い「開放的自己の生命」であるということは、古来からいわれてきたことで、別に新しい発見でも、ユニークな主張でもありません。浄土教における阿弥陀仏とはまさにそのような「めでたいいのち」、つまり「無量寿」の自覚なのです。これは何か無理なこじつけと思われるかもしれませんが、そうではありません。阿弥陀仏という言葉のもとの意味はそのような「めでたいいのち」なのです。

しかし、阿弥陀仏が何か対象的存在のごとくに捉えられてきたために、その本来の意味が十分に認識されてこなかったのです。そして、そのことはまた「阿弥陀仏の信」ということを正しく捉えることをも妨げてきました。信が阿弥陀仏という超越的対象の存在を信じ込む人間の心のはたらきと考えられてきたのです。つまり、「阿弥陀仏」とは何か、そしてまた「阿弥陀仏の信」とは何かということがそのために十分に反省され、理解されてこなかったのです。

阿弥陀仏と阿弥陀仏が住む極楽とを称え、そこに生まれることを願うよう説いた経典が『阿弥陀経』ですが、鳩摩羅什《くまらじゅう》によって漢訳された『阿弥陀経』にはサンスクリットの原典が残っていて、そこでは、漢訳で「阿弥陀仏」と訳されたところはすべて「アミタ・アーユス」となっています。「アミター」とは「無量」、「アーユス」とは「いのち」で、「アミタ・アーユス」とは「無量寿」のことです。ところが、漢訳では「アミタ・アーユス」をまず「阿弥陀仏」と訳し、その性質を説明するために、あとから「寿命無量」と「光明無量」という形容詞を付け加えました。そのため、「アミタ・アーユス」が「阿弥陀仏」という一個の超絶的な人格として捉えられることになり、「阿弥陀如来」の本来の意味が「無量寿」、つまり「めでたいいのち」であることが覆い隠されてきたのです。

ところで、「アーユス」というのは「めでたいいのち」、つまり生物的生命を意味する「ジーヴァ」とは異なり、「寿命」であり、生死《しょうじ》を超えた「永遠のいのち」です。それゆえ、それは「無量寿」といわれるのです。そして、アーユスが「めでたいいのち」であるゆえんは、それに触れることによって、人間の心に無上の喜びと平安を生じさせるからです。浄土教は、そのような自己の心の奥底に自覚されたいのちを「無量寿に帰命《きみょう》する」と称し、そこに生死《しょうじ》を離れる道を見いだしてきたのです。

実際のところ、「阿弥陀仏に帰命する」というときと、「無量寿に帰命する」というときとでは、どこか異なったニュアンスが感じられます。仏というと、私たちは自己の外に超絶的に立ちはだかる存在者を思い浮かべ、畏怖心をいだきます。その感は古来からあったようで、「仏に帰命するも、阿羅漢《あらかん》に畏怖あり」という言葉によって示されています。阿羅漢は自己の前に立ちはだかる仏という超絶者に対して畏怖を感じ、畏《おそ》れ戦《おのの》いたのです。阿弥陀仏はどこか対象的超越という性格をもっています。

しかし、無量寿という言葉においては対象性は消され、目の前に無限に広い海原が開かれる感があります。そして、自己自身はそのなかの一滴として溶け込み、包摂されてきます。無量寿は、自己をその内に包み込む大海、あるいは大虚空のごとき性格をもっています。そのような無量寿を親鸞は「本願海」と呼び、それを自己の心の底に見いだすことを「大信海」と呼んでいます。親鸞が『正信偈』を「帰命無量寿如来」という言葉で始めていることに、彼がそのあたりのニュアンスを直観的に正しく掴んでいたことがうかがわれます。そして、そのことから親鸞が「信」をどのような事柄として捉えていたかということも明らかになります。

大切なことは、無量寿について説明することではなく、それに触れてその力を自己において感得することでなければなりません。では、私たちはいかにしてその力に触れることができるのでしょうか。それには定まった道があるわけではありません。私たちが日常、経験する無上の喜びについて深く思いを致すことがその一つの道です。なぜなら、喜びは狭い私を超える無限性を秘めているからです。しかし、人生において出くわす諸々の否定的な経験を直視し、それに徹底した反省をめぐらすことがもう一つの道です。釈尊が「四聖諦《ししょうたい》」において追究したのはそのような道です。

四聖諦とは「苦《く》」「集《じゅう》」「滅《めつ》」「道《どう》」という四つの真実のことですが、それぞれが聖なる真実であることを、釈尊は『転法輪経《てんぽうりんきょう》』において次のように語っています。「この人間苦は聖なる真実であると、この未《いま》だ聞かれたことのない法において、私に眼が生じ、智が生じ、慧が生じ、明が生じ、光が生じた。この苦の聖なる真実は、まさに知り尽くされるべきもので、すでに知り尽くされ終わったと、この未だ聞かれたことのない法において私の眼が生じ、智が生じ、慧が生じ、明が生じ、光が生じた」。

ここで苦は「聖なる真実」であると語られています。それは、苦が人間の世界においては避けることのできない必然的事実であるということではありません。苦が聖なる真実であるのは、それが苦を通して、苦を乗り越える道を開くからにほかなりません。苦の原因を見つめることで、苦を超えることを可能にするものが人間の心に生じてきます。苦を介して真実のいのちが生じ、そのいのちによって苦がいわば内から溶解されるのです。苦は人間においてそのような真実のいのちの湧出《ゆうしゅつ》を促すはたらきを有しています。それゆえに、苦は単に拒否され、消し去られるべきではなく、それをその底に向けて掘り下げるべきであることを釈尊は四聖諦において説いたのです。そのように捉えるとき、苦は自己が真実の有り様から隔たっていることを気づかしめる合図、あるいは、自己を真実の有り様へと促す道となります。

釈尊が苦において捉えたそのような真実を、西田幾多郎は「人生の悲哀」において捉え、「哲学の出発点は驚きではなく、人生の悲哀である」と述べています。西田のこの言葉は有名ですが、西田は人生の悲哀を通して、真実のいのち、つまり宗教心が人間の心に湧出してくることに注目しています。西田はそのことを「心霊上の事実」として捉えています。西田は、「自己が一旦極度の不幸にでも陥った場合、心の奥底からいわゆる宗教心なるものが湧

2 the second Lecture

無量寿としてのいのちと信 ● 長谷正當

きあがるのを感じないものはいないであろう」と語っていますが、そこで西田が宗教心というのは、悲哀を通して人の心の奥底に湧き上がってくる真実のいのちのことです。この真実のいのちは、悲しみによって傷ついた人間の心を癒《いや》します。人生の悲哀にはそのような深いいのちを私たちの心に呼び覚ますはたらきが備わっています。西田がそのような人生の悲哀を最も深く味わったのは、自分の子どもの死でした。

西田は死んだわが子のことを次のように語っています。

余も我子を亡くした時に深き悲哀の念に堪へなかつた。……若きも老いたるも死ぬるは人生の常である、死んだのは我子ばかりでないと思へば、理に於ては少しも悲しむべき所はない。併《しか》し人生の常事であつても、悲しいことは悲しい、飢渇は人間の自然であつても、飢渇は飢渇である。人は死んだ者はいかにいつても還らぬから、諦めよ、忘れよといふ、併しこれが親に取つては堪へ難き苦痛である。時は凡《すべ》ての傷を癒やすといふのは自然の恵であつて、一方より見れば大切なことかも知らぬが、一方より見れば人間の不人情である。何とかして忘れたくない、何か記念を残してやりたい、せめて我一生だけは思ひ出してやりたいといふのが親の誠である。昔、君と机を並べてワシントン・アービングのスケッチブックを読んだ時、他の心の疵《きず》や、苦みは之《これ》を忘れ、之を治せんことを欲するが、独り死別といふ心の疵は人目をさけても之を温め、之を抱かんことを欲するといふやうな語があつた、今まことに此語が思ひ合されるのである。折にふれ物に感じて思ひ出すのが、せめてもの慰藉《いしゃ》である、死者に対しての心づくしである。この悲は苦痛といへば誠に苦痛であらう、併し親は此苦痛の去ることを欲せぬのである。

（『国文学史講話』の序、『西田幾多郎全集』第一巻、岩波書店）

親が子どもを失った悲しみを忘れたくないのは、不在という悲しみが親にとって子どもに出会う唯一の通路だからです。それゆえ、西田は深い悲しみには慰籍のはたらきがあるとして、「骨身に徹する痛切なる悲哀は寂しき死をも慰め得て余りある」と述べています。

苦や悲哀にとどまりません。一般に、人が人生において触れる悪は、悪を乗り越えさせるような清浄ないのちを心の底に湧出させるはたらきをもっています。そこに、多くの経典が、悪を、善を呼び覚ますための方便として語っていることのゆえんがあります。生命に加えられた傷は、その傷を癒すようなより大きな生命力の発動を促します。それによって、傷は自然に治癒されるのです。心が受けた傷の場合、そのことはいっそうの真実でなければなりません。外部から傷という形で人間に加えられた悪は、善への願望を人間の心の内に生ぜしめることで、自動的に治癒の可能性を生ぜしめます。そして、傷のために魂の全体が引き裂かれた人には、このうえもない善、無上の善、全《まった》き清浄心がなければなりません。宗教心とは「純粋なるもの」、「善なるもの」、「無上なるもの」、要するに「無量寿」といわれる「如来のいのち」が心の底に生じたということです。それは自分の心が純粋であり、清浄だからではありません。心が傷つき、病んでいるがゆえに、それを癒すものとして清浄なるもの、純粋なるものへと向かう心が、自己を超えたところから自分の心の深みに生じるのです。

そのような心の底から生じる清浄なもの、純粋なものが、無量寿としての阿弥陀如来とされてきました。それゆえ、宗教心に触れるということは、真実の生命でなければ癒されない傷が人間の内に入り込んだということを意味します。無量のいのちは、苦や悲しみとは無関係に人間の心に生じてくるのではありません。苦や悲しみを通して出現するがゆえに、それは苦や悲しみを癒すはたらきを有するのです。

四　心とその糧――無量寿の信――

以上のことを深く認識するなかで思い致されてくるのは、私たちの心は無量寿という如来のいのちによって支えられ、生きるエネルギーを得ているということです。このことは自明なことですが、私たちはこの自明な事実を必ずしも十分に理解しているとはいえません。しかし、この事実を深く認識することにこそ、宗教の核心があるのです。

私たちは、船や車や機械が動くためには、オイルやガソリンなど、それを動かすエネルギーを外から得なければならず、また私たちの身体も、これをはたらかすためには、食物というエネルギーの源泉を外に求めなければならないことをよく知っています。心も例外ではありません。心はそれが生きてはたらくためには外からエネルギーを得てこなければなりません。しかし、私たちはどういうわけか、心は自由な存在であり、それは自分自身の力によって独力で動くものであるから、それには外からエネルギーを供給する必要がないと考えます。そして、そこに身体と心との違いがあると考えています。人間の心をそのようなものとして捉えてきた古今の哲学者は少なくありません。心は他の何ものにも依らず、自由で独立自尊な存在であると考えた宗教思想家も数多くあります。

しかし、これは人間が陥る錯覚のうちでも最も重大な錯覚といわなければなりません。宗教もこの錯覚から免れてはいませんが、この錯覚から目覚めるところにこそ宗教の任務あるいは本質があります。古来から、宗教において「自力」と「他力」が区別され、両者の間でさまざまな議論が戦わされてきたのは、根本において、私たちが心をどのようなものとして理解しているか、心は自存しているか、あるいは外にエネルギーを仰ぐ必要があるのか否かという問題と深く関わっています。

パスカルが「人間は一本の考える葦である」と言ったとき、彼はそのような錯覚に陥りかけています。パスカルは、人間は一本の葦のように弱い存在であるから、宇宙の些細な衝撃の前ではひとたまりもないが、考える葦であるから、人間は宇宙を超えており、何ものにも依存せず独立自尊で不壊な存在であると語っています。しかし、これは錯覚です。人間は身体において宇宙に依存しているだけではなく、心においても宇宙に依存しており、自然の些細な衝撃の前には同じようにひとたまりもありません。例えば、人から侮辱の言葉を投げかけられて、心が鉛と化して身動きができなくなったり、逆に、人から与えられた励ましの一言によって、通常では思いもよらない大仕事を成し遂げたりすることがあることからも、そのことは容易に理解し得るはずです。心もまた宇宙から独立してはいないのです。

実際のところ、食物を必要とするのは身体だけではありません。心もまた食物を必要としています。心が感じる飢餓は、身体の飢餓と同じように、あるいはそれ以上に辛いものであり、身体の飢えと同じように癒され、満たされることを必要としています。私たちが通常そう思わないのは、心は見えないからであり、さらには、心が何ものかによって満たされていて、飢渇を感じる段階にまで至っていないからにすぎません。

宗教は、心が身体以上に食物を必要とすることを洞察するところに始まります。人間の心が不壊で自由であると捉えるところに哲学があるなら、宗教は人間の心はそれ自身では自足せず、外からの助力に依るのでなければ、真に自由を実現することができないことを洞察するところにあります。

したがって、宗教の根本の事柄は、心は何を糧《かて》としているか、その糧はどこにあるか、そしてその糧をいかにして獲得するかを知ることにあります。それを知ることが、宗教において「智慧」といわれることにほかなりません。心の飢渇を知り、それを癒すものを明確に知ることが宗教の中心の任務であって、宗教においてそれ以外のことが問題にされることがあっても、それは宗教にとって本質的なことではなく、第二義的なことにすぎません。その智慧をもつことは深い人間観察と自己観察に基づくものであり、その観察によって得られた柔《にゅう》軟心《なんしん》が心の糧を見分ける「方便力《ほうべんりき》」を与えます。それは浄土真宗において「還相回向《げんそうえこう》」として捉えられている事柄と繋がっています。還相回向とは如来のいのちが衆生において方便力成就して現れる側面を捉えたものにほかなりません。

心は美しいものを見ることや、他者からの尊敬や愛情などを糧として生きています。そのような心の糧の源泉が無量寿としての「いのち」にほかなりません。無量のいのちが人間の住む環境においてそのような糧となって現れてくるのです。環境とは、身体がそのような糧を得てくる場所にほかなりませんが、そのような無量のいのちが流れている場所、そして、そのいのちが心の糧となって受け取られる環境が浄土教において「浄土」といわれてきたのです。

浄土とは、如来のいのちが糧として受け取られる場所です。浄土の荘厳という言葉によって示されてきたものは、そのような心の糧にほかなりません。水や空気や食物が「心」において感じられるところに浄土の荘厳があります。浄土を考える際に、そのことを忘れてはならないと思います。浄土が「報土《ほうど》」であるといわれることの意味もここにあります。浄土が報土であるとは、それが「他界」のようにどこかに客観的にある場所ではなく、如来の無量のいのちが糧となって与えられる場所であることを意味します。阿弥陀仏のいのちを食べて私たちは生きていますが、そのいのちを吸収して生きている場所が報土といわれるのです。

宗教の根本は、人間の心が無量のいのちによって支えられ、生きていることを知ることにあります。「信」とは、このような無量寿が私たちの生きるエネルギーとなって自己においてはたらくのを証することにほかなりません。そのことは「如来の清浄願心《しょうじょうがんしん》の回向成就《えこうじょうじゅ》」（『教行信証』信巻）と呼ばれています。親鸞は、如来のいのちが私たちにおいてはたらくことで、私たちは「涅槃《ねはん》を証する」ことができると述べています。

信というと、ややもすると私たちは阿弥陀如来という何か得体の知れない不確実なものの存在を信じ込むことだと考えがちですが、親鸞が信と名づけたことは、およそそれとは正反対の事柄です。信とは「疑蓋雑《ぎがいまじ》わることなし」ということだと親鸞は述べていますが、それは如来の心が人間の心に入り込んできて、それによって人間の心に筋金が入ること、その確信ないし実感を表しています。信は、如来を信じる人間の心のはたらきではなく、人間の心の内に入り込んできた如来の心でなければなりません。人間の心は常に動揺・流転していますが、そのなかにあって信が「金剛心《こんごうしん》」と呼ばれるのは、それが如来の心だからです。それゆえに、信は「証大涅槃《しょうだいねはん》」という無上の妙果《みょうか》を生じる原因となり得るのです。こうして、親鸞は信を、自己の心に出現した阿弥陀如来の心として崇めているのです。

五　信の根源としての欲生心

では、如来の心は人間の心においてどのような仕方ではたらくのでしょうか。信の根幹とされている「欲生心《よくしょうしん》」においてそれを見ておきたいと思います。

『大無量寿経』において如来の本願は四十八願として捉えられ、そのうちの第十八願は「至心《ししん》信楽《しんぎょう》の願《がん》」と呼ばれて、信の立場を示すものと説かれています。そこで信は「至心《ししん》」、「信楽《しんぎょう》」、「欲生《よくしょう》」の三心《さんしん》に分解され、信の根幹をなすものとして「欲生心」が捉えられています。これらの三心は、如来の心が衆生心に浸透して、そこに映した自らの形、あるいは像ですが、至心・信楽・欲生は如来の心が衆生において次第に深まり、成長してゆく過程、あるいは段階を表しているということができます。

形なき如来は「名号」という形をとって自らを衆生に対して表現しますが、名号において示される如来の真実心あるいは清浄心は「至心」と呼ばれます。その至心が慈悲心となって衆生の心に浸透し、そこに自らを映すところに「信楽」が成立します。そして、信楽が衆生の心の隅々にまで浸透するとき、それは衆生の心の底から、如来の国に生まれたいという願い、仏になりたいという欲求となって現れます。それが「欲生心」です。ここにおいて信はその根源ないし究極に達します。それゆえ、欲生心は信の根幹をなし、信を究極的に基礎づけるものとされます。

如来の国に生まれたいというこの「欲生心」は、衆生の心の最内奥《さいないおう》に生じるものですが、しかし、それは如来の喚びかけによって衆生の心の最深部に点火されたものであって、衆生が自分自身から発したものではありません。注意すべきことは、欲生心の主体は人間ではなく、如来だということです。それゆえ、親鸞はそれを「如来、諸有《しょう》の群生《ぐんじょう》を招喚《しょうかん》したまうの勅命」(『教行信証』信巻)と呼んで、そこに如来の「回向心」の成就を捉えているのです。

一見すると、人間存在の根源に生じる欲求の根拠が、人間ではなく、如来にあるとされることは何か理不尽なことのように思われます。なぜなら、欲求は人間の欲求なのですから。しかし、この理不尽と思われる事実のうちに、信の根幹に関わる事柄が秘められています。

親鸞は、如来の国に生まれたいという欲生心が人間の欲求でなく、如来の心であるのは、人間はそのような欲求を発する素地を自己自身の内にまったくもたないからだといいます。それゆえ、如来は姿を変え、欲生心となって人間の内に入り込まざるを得ない。欲生心が如来の「清浄願心の回向成就」であるとされるのはそういうわけです。欲生心とは、衆生における如来の清浄願心の表現なのです。

このことは、私たちが如来をどこに探すべきかを示しています。如来はどこか私たちの外に存在するのではありません。如来は欲生心において求められなければなりません。如来の国に生まれたいという願いや欲求が私たちの心に生じるとき、そこに如来が現前し、はたらいているのです。如来は衆生の欲生心の内にあるのであって、それ以外のどこにもない。このことは奇怪なことのようですが、この事実に深く思いを致すとき、信の核心が明らかになります。

曾我量深師は、欲生心と如来との間のこの独自な関係を、「親を呼ぶ子ども」と「応える親」との関係を引き合いに出して説明しています。人間の世界においては、子どもと親とは相互に外在的で、子どもが呼べば親は応えます。呼ぶ者と応える者は互いに相手を自己の外に確認し合い、両者は見いだし、対応関係にあります。しかし、宗教の世界、如来の世界では事情は異なります。そこでは、子どもが呼んでも親は応えません。呼べども呼べども親は応えない。親は不在で、あるのはただ子どもの呼び声だけです。宗教の世界では親と子どもとの間には対応関係がないのです。子どもは天涯孤独のなかに放り出されることになります。

しかし、

いづくんぞ知らん親を呼ぶところの声その声が親の喚び声であつた。さう考へる時に、淋しさの底に吾々は本当の有難さを頂くことができるであらうと思ふのであります。

（『曾我量深選集』第五巻、彌生書房）

と、曾我師は述べています。

ここで曾我師は信の独自な構造に注目しています。私たちが如来を呼ぶ声のうちに如来が到来しているといえば、独り相撲をしているみたいで、何か馬鹿げた空しいことのように思われます。山彦《やまびこ》のように自分の声を聞いているだけで、このうえなく頼りないことのように思われます。しかし、信とは、このように見かけはトートロジーと思われる事態の底に、その堂々めぐりを断つ糸口を捉えることです。如来を呼ぶ私たちの呼び声の底に、自己を超えた如来の喚び声が届いているのを聞き取ること、不在という仕方で到来している実在の響きを聞く耳をもつこと、そこに信の要があるのです。

しかし、信の構造に備わるこのようなトートロジーともいうべき性格は、ある意味では、人と人との関係の世界においても見られます。それは私たちが、相手の声を聞き取る共鳴板を自己の内にもたなければ、相手の声を聞き取ることができないということです。例えば、親しい友人同士の間で心が通じ合うのは、相手の心に反応する共鳴板をそれぞれが相互にもっていて、そこにおいて相手の心の響きを感受するからです。相手の心は私が有する共鳴板に届くのであって、その共鳴板を私が有さなければ、たとえ相手が私の前に存在していても、私にとっては不在です。逆に、私がその共鳴板を有するなら、相手は不在であっても私にとって実在します。したがって、重要なことは、相手の不在においてもその実在を聞き取り得るような共鳴板をもつことです。信とは、相手の不在においてその実在を聞き取る、声なき声を聞き取る共鳴板を自己の内にもつことにほかなりません。それゆえ、信は相手の実在性を証し、護る唯一のものなのです。

そこに「信あるがゆえに如来があるのであって、如来あるがゆえに信があるのではない」と清沢満之が言うことの理由があります。信において如来の心が自己の内に入ってきて、無上の妙果をもたらすのは、太陽の光が葉緑素を通して植物の内に入ってきて、地上の一切のエネルギーの源泉となる澱粉をそこで合成するのと同様です。信とは、人間においてそのような如来の光を受け取る葉緑素にほかなりません。

六　信の証果としての二種回向

人間存在の根底に出現する「欲生心」は信の根源をなすものですが、そこにはたらくのは自己の心ではなく如来の心でした。そして、如来の心とは無限の肯定の原理にほかなりません。私たちは決して自己を見捨てることはありませんが、それは如来の心が自己の存在の底にはたらいているからです。

この無限の肯定の原理は常に私たちにおいて満足され、成就されることを求めています。それゆえ、それが満たされず成就されないときは、それは転倒し、内に屈折して現れることになります。エゴイズムとは、そのような無限の肯定の原理の自己における転倒した現れにほかなりません。無限の自己肯定の要求が無量寿に触れることによって、成就されてはじめて、自己へのこだわりは溶解し、エゴイズムは乗り越えられます。そこに「信」に固有な効力ないし「利益《りやく》」があります。信の利益とは、無限の自己肯定の要求が成就されることによって、この世のいのちを超えたところに私たちが立つことができるということです。

先に述べましたように、金子大榮師は、私たちが真の幸福を感じたとき、その思いを「死んでもよい」という言葉によって表現すると言われておりますが、真の幸福とは無限の自己肯定が成就されることによってこの世のいのちへの執着を離れて、無我ないし無私となることです。

その昔、浄土教の祖師の曇鸞《どんらん》は、仏教の広大な教えを学ぶためには長命でなければならないと考えて、長生不死を得るための「仙経《せんぎょう》」、つまり神仙道の書を集めて研究していました。ところが、菩提流支《ぼだいるし》に『観無量寿経』を読むことを勧められ、それを読んで仙経を焼き捨て、浄土教に帰したといわれています。曇鸞はひと思いに仙経を焼き捨てたのであって、それを『観経』と読み比べてみて、どうやら『観経』のほうがよいようだと考えたのではありません。仙経を焼き捨てたのは、『観経』を読んで如来の無量のいのちに触れ、この世のいのちを超えたところに立ったからです。永遠のいのちに触れて現実に「長生不死《ちょうせいふし》の神方《しんぽう》」を獲得したため、この世のいのちへの執着の徴表《ちょうひょう》ともいうべき仙経から解放されたのです。親鸞が『正信偈』において、曇鸞について「仙経を焼き捨てて、楽邦《らくほう》に帰《き》した」と語っているのはこのような事情です。

それに触れることで、この世のいのちがそれほど重要ではないと思われてくるような無量のいのち、それによって自己の究極の志願である無限の自己肯定が満たされるような無量のいのち、自己の存在の底においてそのようないのちに触れることを親鸞は「信」と捉え、信が人間にもたらす証果に関しても深い思索をめぐらしました。

信は一方で、人間を「無上涅槃」へと至らしめるという証果をもっています。如来の心が人間をこの方向に向かわしめるはたらきをもつことを親鸞は「往相回向《おうそうえこう》」と名づけました。しかし、信は他方では、真に無量のいのちに触れた人々に対して、いまだそうではない他の人々を無量のいのちとの接触へと向かわしめる手がかりとなるような智慧や方便力を与えるという功徳をもっています。如来の心が人間においてこの方向にはたらくことを親鸞は「還相回向」と呼びました。こうして浄土真宗は、同じ一つの如来の心が人間においてはたらく際の二つの側面を往相と還相として捉え、信のもつ「利益《りやく》」、あるいは証果に深い思いを致してきたのです。

ところで、還相回向に関していえば、そのはたらきはこれまで二重に理解されてきました。還相回向は、一方では、衆生の真実の信を成立せしめるものとして、つまり衆生の信の起源をなすものとして、衆生の外に捉えられてきました。そこでは、往相回向が具体的には阿弥陀如来のはたらきを示すのに対して、還相回向は釈尊や浄土教の祖師たち、法然や親鸞といった応化身《おうげしん》による教化、すなわち、衆生を如来の信へと向かわしめる教師として捉えられてきました。そして、還相回向は、衆生が得た往相回向の心行《しんぎょう》の根拠として、衆生はもっぱらその恩徳を感謝すべき存在とされてきたのです。

しかし、還相回向は他面では、信の結果、つまり、信が衆生にもたらす証果としても捉えられてきました。そのとき、還相回向は往相回向に先立つものではなく、往相回向から転入するものとして、衆生のうえに見られることになります。視点を変えていえば、往相回向が信によって如来に触れた衆生が如来へ向かう側面、すなわち、浄土の菩提心の「願作仏心《がんさぶっしん》」の側面を指すなら、還相回向は同じく信において如来に触れた衆生が衆生に向かう側面、すなわち「度衆生心《どしゅじょうしん》」を指すものとなります。そこでは還相回向は衆生の外ではなく、衆生のうえに見られることになります。

ただし、ここで注意されなければならないのは、還相回向のはたらきが衆生のうえに見られるということは、回向の主体が衆生であるということを意味するのではないということです。還相回向のはたらきが衆生のうえに現れるということと、還相回向を衆生が行ずるということとは同じではなく、両者は区別されなければなりません。還相回向の主体は如来であって、衆生はそのはたらきの出現の場所にすぎません。衆生が還相回向を行ずる能力をもたないことはいうまでもありません。衆生が還相回向を行ずることができないということから、還相回向のはたらきは釈尊や浄土教の祖師たちや、親鸞のうえにだけに見るべきであり、衆生のうえに見てはならないと帰結されてはならないのです。

回向の主体はあくまで如来です。しかし、如来が自らの形を変えて衆生のうえに自らを表現するところに、回向の回向であるゆえんがあります。ただし、それは衆生のうえに形を変えて現れるのですから、衆生はそれを知らないのでなければなりません。そこに、還相回向のはたらきが「阿修羅の琴《きん》を鼓《こ》する者なしといえども、音曲自然《いんぎょくじねん》なるがごとし」（曇鸞『浄土論註』）といわれるゆえんがあります。還相回向は衆生のうえに現れても、衆生が行ずるのでないことは、キリスト教において、「神の愛」とならんで重視されている「隣人愛」の主体が人間ではなく神であって、それゆえ、そこでは「右手が与えたものを左手は知ってはならない」といわれていることに通じるところがあります。如来のはたらきとしての還相回向は、衆生が知らない仕方で、衆生のうえに出現するのでなければなりません。

こうして、還相回向をめぐる第一の理解が、往相回向の心行の成立根拠を示すものとして、浄土真宗の教学の根幹に置かれるならば、第二の理解は、信がもたらす証果としての、人間の宗教的生の内実を表すものとして、深く注目されなければなりません。

いずれにしても、信において如来のいのちが人間の心に浸透して、そこではたらくことにより、一方では、人間を「証大涅槃」へと至らしめるとともに、他方では、その涅槃の香りともいうべきものを、人と人との関わりにおいて、他の人々に伝えてゆきます。そこに信の「証」といわれる宗教的事実があります。

the third Lecture

『歎異抄』と私

——最後の講義——

3

石田慶和

石田　慶和（いしだ・よしかず）

1928年生まれ。京都大学大学院文学研究科博士課程。京都女子大学教授、龍谷大学教授、浄土真宗教学研究所所長、仁愛大学学長を歴任。文学博士。
著書：『親鸞の思想』『宗教と科学』『歎異抄講話』（以上、法藏館）、『念仏の信心──今なぜ浄土真宗か』（本願寺出版社）、『親鸞〈教行信証〉を読む』（筑摩書房）

「『歎異抄』と私」（仁愛大学学長退任記念講演会）

2004年12月7日（火）／於：仁愛大学

【仁愛大学学長として最後の講義】

3 the third Lecture
『歎異抄』と私 ● 石田慶和

一 はじめに

『歎異抄』というのは、よく知られているとおり、前半の十条は親鸞聖人の語録であり、後半の八条は『歎異抄』を作った編者、おそらく唯円房《ゆうえんぼう》といわれる方の歎異の文という構成になっています。前半の語録には、親鸞聖人の本音というか、親鸞聖人の他の著作には見られない日常の会話、とくに弟子を相手にしてお話しになった日常の会話が掲載されています。

それが明治以降の日本の知識人層の心を打ち、非常に有名になりました。現在では『歎異抄』といえば親鸞聖人、親鸞聖人といえば『歎異抄』というぐらい有名なものですが、昔からそんなに有名な書物ではありません。明治以降に、清沢満之《きよざわまんし》という真宗大谷派の仏教者の力で有名になった書物なのです。

清沢先生は東京大学を出て、そのまま学問の道を歩めば立派な学者になった方ですが、途中で教団の近代化という改革運動に挺身し、四十一歳で亡くなりました。現在でもその影響は大きなものがあります。その清沢先生が、「私の三部経」として、まず第一に『歎異抄』

をあげ、それから『エピクテタスの語録』と『阿含経』とをあげています。それが清沢満之の三部経として尊重され、そしてこのことが一つのきっかけとなって『歎異抄』は有名になったのです。

私の若いころには倉田《くら た》百三《ひゃくぞう》の『出家とその弟子』という戯曲がずいぶんよく読まれました。これは『歎異抄』を戯曲化したもので、大正五年（一九一六）に発表されたのですが、センチメンタルな内容で、キリスト教の考え方がずいぶん入っており、必ずしも親鸞聖人の考え方どおりではないものです。その作品が非常に有名なものになり、近代から現代にかけても『歎異抄』は爆発的によく知られるようになりました。

私が、どういうつもりで『歎異抄』を取り上げたのかというと、私は現代の学生に接することを通して、今の時代を見たいと思っていました。そこへ私にとっては晩年の、仁愛大学学長として最後の年に学生たちと接する機会を与えられたのです。今の若い人たちが宗教的な世界観をどういうふうに見るのか、どういうふうに考えるのか、親鸞聖人の教えが現代の人たちに何を与えるのか、どういう視野を開くかのということが最大の関心事だったのです。

二　インディファレントな世界と宗教

現代の人間にとって最も大きな問題は宗教と科学といえます。しかもその宗教と科学という問題をめぐって、「世俗化」という現象がすべての人の心を席巻し、世界の見方、人間の見方というものをすっかり変えてしまったようです。少なくとも親鸞聖人の時代とはすっかり変わってしまっています。

身近なところでいうと、地動説があります。地動説とは太陽を中心として、太陽の周りを地球が動き、火星が動き、あるいは金星が動くという考え方です。昔は天動説といって、太陽や月が地球の周りを回っているという考え方が信じられていました。十六世紀にコペルニクスが天体観測にもとづいて地動説を提唱し、ケプラーやガリレオが賛同しますが、教会等からさまざまな迫害にあい、ニュートンによってやっと確定されます。しかし、コペルニクスの提唱から百五十年もの年月がかかりました。

そして現在は、この地動説が常識化し、ハッブル宇宙望遠鏡――ハッブルとは天文学者の名前です――をＮＡＳＡ（アメリカ航空宇宙局）が地球から六百キロメートル離れた宇宙へ打ち上げて、それで宇宙を見るという時代になってきています。地球上には雲があり空気があり、天候によるいろいろな障害物があって宇宙がよく見えないので、高度六百キロメートルというずいぶん高いところへそれを打ち上げて、宇宙を見るのです。このハッブル宇宙望遠鏡は一九九〇年にスペースシャトル・ディスカバリー号によって宇宙に設置されました。その観察の結果にもとづいて、現在では天文学が大きな発展を遂げています。現在の天文学の知見では、だいたい百三十七億年くらい前にビッグ・バンという大爆発がおこり、空間が凝縮された形から急激に膨張して、現在の宇宙が始まったという考え方が最も有力です。これはよく知られたとおりです。

日本では、サイエンスライターで翻訳家の野本陽代《のもとはるよ》さんが『ハッブル望遠鏡が見た宇宙』『続・ハッブル望遠鏡が見た宇宙』『ハッブル望遠鏡の宇宙遺産』（岩波書店）という本を出しておられますし、ほかにもカラー写真で専門の本がたくさん出ていますから、あるいはご覧になった方もおられるかもしれません。私は再々「Newton（ニュートン）」（ニュートンプレス）という雑誌を見たり、野本さんの本を読んだりして現在の天文学の動向を見ています。

しかし、天文学のこういう知見というのは、十二〜十三世紀の親鸞聖人やあるいは十五世紀の蓮如上人の時代にはなかった考えです。現代人によく知られるようになった宇宙的な広がりというものと、『歎異抄』が背景においている世界観というものとはまったく違うものなのです。その間の断絶というか、その間のギャップというのは、簡単に埋めていくことができないほど大きなものになっています。

宇宙を探求する学者はたくさんおられるし、物理的な宇宙の考え方でノーベル賞を受賞された方もおられます。しかし、そういう考え方というのは、人間の運命などというものとはまったく関係ないものなのです。「インディファレント（indifferent）」という言葉がありますが、これは「無関心な」という意味です。星と星との距離をはかる単位でいうと、光が一年間に進む距離が一光年ですから、この一光年が一万倍で一万光年、その百三十倍で百三十万光年という距離です。百三十七億年前というのは、我々が住んでいる世界からいうと、百三十七億光年の距離にある星が発した光が地球に達する時間ですから、まったく天文学的数字で、ふつうに考えられないような長さです。天文学ではそういう距離を宇宙が動いているという考えをします。それはある意味では人間の知見というものが広大になった結果といえますが、そのような考えというものは一面では、我々人間の運命というものに対してはまったくインディファレントな世界です。

人間の運命に関わるというのは、

月みれば　ちぢに物こそ　かなしけれ　わが身ひとつの　秋にはあらねど

（『古今集』大江千里、百人一首二十三番）

というような感覚の見方でしょう。そういう見方が人間らしい世界観というものだと私は思います。『歎異抄』にはそういう見方が背景にあるのです。

宗教的な世界観というのは、インディファレントな世界観ではありません。宇宙の動きの一つひとつが人間の運命と密接に関係しています。それに対して物理的な宇宙観は科学的世界観であり、それは人間の運命にはまったくインディファレントなものです。その二つの世界観のギャップをどういうふうに埋めることができるのかということが、私どものこれからの最大の課題だと思います。

もっと言うと、宗教的な世界観をもつ人間が、科学的な世界観をもつ人たちとどう理解しあえるか。私たちの信じている、あるいは信じようとしている宗教的世界観は、科学的世界観から見ればどう見られているのか。あるいは逆に科学的世界観は、宗教的世界観から見ればこういうように考えられるということを十分に説得できなければ、宗教的なものの考え方の将来はないと私は思います。現代の世界のいろいろな問題も、突き詰めていえばそういう問題に帰着するのです。科学の立場と宗教の立場の違いをどう説得的に説明できるかという問題なのです。

現代人には『歎異抄』の言葉はそのままストレートには受け容れにくいものです。『歎異抄』は「弥陀の誓願不思議」という言葉から始まりますが、「弥陀の誓願」という言葉は、今の人たちにはスッと胸の中には入ってきません。なぜかというと「弥陀の誓願」という言葉は、背景に宗教的な世界観をもっているからです。

宗教的世界観とは、仏教でいうと六道輪廻《りくどうりんね》、すなわち我々有情は地獄、餓鬼、畜生、修羅、人間、天上という六道を自らの業《ごう》によって経巡《へめぐ》るという考え方を背景にもっているから出てくるものです。そういう『歎異抄』の言葉を、科学的世界観の考え方をもっている人、つまり世界というものはインディファレントで、人間の運命にはまったく無関係であり、しかもそれ自身の必然性に従って動いているという考え方をもつ人にどう説得するのか、そういう問題が突きつけられているのが現代という時代だと私は思います。

三　親鸞思想の普遍性を見る

私は『歎異抄』にも含まれている親鸞思想の普遍性ということを積極的に説くことができなければ、宗教に未来はないと考えました。普遍性とは世界中のどこにでも当てはまるということです。現在では「グローバル（global）」という言葉もよく使われていますが、つまり、例えば親鸞聖人の語録を英語に訳しても、その英訳の語録を読めば親鸞聖人と同じ信仰に達し得るということです。それが普遍性です。

『歎異抄』は不思議な書物で、十人の人が読めば十通りの読み方があるといわれるくらいに内容が豊かなものです。そこで、どのように読めば『歎異抄』に込められた親鸞聖人の思想の普遍性を汲み取れると若い人たちを説得できるのかということが、私の最大の課題になったわけです。

『歎異抄』を読むにあたって、私は私なりの工夫をしてみました。一つには、まず『歎異抄』に書かれたことが普遍的な意味でどういうことを言おうとするかを考えてみたのです。

例えば第一条は、弥陀の誓願というところから始まります。

弥陀《みだ》の誓願《せいがん》不思議にたすけられまいらせて、往生をばとぐるなりと信じて念仏申さんとおもいたつこころのおこるとき、すなわち摂取不捨《せっしゅふしゃ》の利益《りやく》にあずけしめたまふなり。

これが『歎異抄』第一条の冒頭の言葉です。これを今の人たちが読むとどう思うのでしょうか。五十年前、百年前の私たちの先輩がそれを読んでどう思ったのかということと、私の中で比較して考えてみました。「弥陀の誓願」とは阿弥陀仏が衆生を済度《さいど》するために立てた願という意味です。今の人はどう思いますか。「阿弥陀仏って本当にいるのか」「阿弥陀仏とキリスト教の神様とはどう違うのか」「親鸞聖人は本当に阿弥陀仏を信じていたのか」、こういうふうに思うでしょう。しかし私は、このような疑問に答えるかたちで説明しても、若い人たちには説得力をもたないと思ったのです。

それで「弥陀の誓願不思議にたすけられまいらせて」云々という『歎異抄』第一条の言葉はどこから出ているか、それを理解する普遍的な立場というものはどういうことであるのかを明らかにすることが大切だと考えました。

四　宗教的実在との出遇い

私が選んだのはアメリカの心理学者、ウイリアム・ジェイムズが著した『宗教的経験の諸相』（"*The Varieties of Religious Experience*"）という非常に有名な本でした。日本語版は岩波文庫から二冊本で出版され、何度も版を重ねています。

この本でウイリアム・ジェイムズは、心理学者であり科学者でもあるという立場から、宗教経験がどういうものであるかを考えています。ジェイムズは実際上のいろいろなデータを材料として分析していきますが、彼の考え方の特色は、人間には二つのタイプがあるとする点です。彼はフランシス・ニューマンという人の考え方に従って、「一度生まれ」と「二度生まれ」という言葉を使っています。それをジェイムズ固有の表現では、人間を「病める魂のもち主（the sick soul）」と「健康な心のもち主（the healthy mindedness）」という二つの類型に分けています。

実際、ジェイムズはこの書物でたくさんの例を引いて、その例を実証的な根拠として議論していきます。ジェイムズは宗教経験に非常に強い「アフィニティ（affinity）＝親近感」をもっていました。彼は、宗教経験は決して異常な経験ではなく、そういう経験をもたない人は不毛の人だ、乾燥した人だと言っています。人間、とくに若い世代の人にとっては非常に本質的な経験だとも彼は言います。

ジェイムズは人間を二つのタイプに分け、その一つである「病める魂のもち主」が何らかの機会に宗教的実在を確信することで、それまで「自分は不幸だ」「自分は邪悪だ」「自分は劣っている」と思っていた意識を一転させ、大きな喜びを得るという経験が宗教経験だとしました。そして、これは漸次的あるいは突発的なプロセスだ、と彼は説明しています。そう言われると、「ああ、宗教経験とはそういうものか」と理解できます。ジェイムズのこの心理学的分析によれば、宗教経験というものの普遍性がよくわかります。

私はこれが『歎異抄』第一条の「弥陀の誓願……」という言葉で説かれる親鸞聖人の基礎的な宗教経験だと思うのです。阿弥陀仏がいらっしゃるとかいらっしゃらないとか、本願があるとかないとか、ということではないのです。親鸞聖人にとっては、こういう宗教経験における宗教的実在が法然上人だったのです。これは『歎異抄』の第一条と第二条とにまたがっていえることです。

第二条では、親鸞聖人は八十歳、晩年になっておられます。そして関東からやってきた門弟たちを前にして、

おのおの十余か国のさかいをこえて、身命《しんみょう》をかえりみずして、たずねきたらしめたまう御《おん》こころざし、ひとえに往生極楽のみちを問いきかんがためなり。

という言葉で始め、自分の若いころの経験の話をされます。その中心にあるのは、「私はべつに学問とか詳しい理屈は知らない」、単に、

よきひと〈法然上人〉の仰《おお》せをかぶりて、信ずるほかに別の子細なきなり

であり、よき人の教えとは、

ただ念仏して、弥陀にたすけられまいらすべし

ということで、これが宗教的実在なのです。

親鸞聖人にとっての宗教的実在は、法然上人に具現された阿弥陀仏の本願なのです。伝記によると、親鸞聖人は比叡山で二十年間の修行をしておられることがわかります。修行して悶々とされますが、そこでの問題は「生死出《しょうじい》ずべき道」でした。これも現代の我々にはわかりにくい言葉です。しかし「生死出離《しょうじしゅつり》」が、当時の青年にとって最大の問題だったのです。「生死《しょうじ》」とは輪廻のことです。その六道輪廻から離れる、迷いの世界から離れること

が最大の問題でした。いわば「病める魂のもち主」だった親鸞聖人が、宗教的実在を法然上人において確証することを通して大きく生まれ変わったという経験が『歎異抄』の第一条にほかならないのです。そういう意味をもつものだというふうに考えるとはじめて、第一条が普遍的な意味をもつものとして我々に現れてきます。

私なりに考えると、浄土教の方々の布教の仕方は根本的に間違っている、といったら言いすぎかもしれませんが、根本的に方向を変えなければならないと思うのです。どういう意味でそう言うのかというと、現在のような説教の仕方で弥陀の本願の教えを繰り返し話しても、それではもう多くの人々にはわかるわけはないのです。言えば言うほどわからなくなってくるのです。そのわからなくなっている人間にでも、親鸞は実は青年時代は病める魂のもち主で、そういう苦悩から脱却するために宗教的実在というものを法然上人のお姿の中に目の当たりにされたのです、その表現が第一条なのです、というとわかるのではないでしょうか。

五　理屈ではなく信仰

第二条には、

親鸞におきては、ただ念仏して、弥陀にたすけられまいらすべしと、よきひと（法然上人）の仰せをかぶりて、信ずるほかに別の子細なきなり。

とあり、そして、

弥陀の本願まことにおわしまさば、釈尊の説教、虚言《きょごん》なるべからず。云々

という言葉で、阿弥陀仏と釈尊と善導大師、それから法然上人という伝統の流れの正しさということをおっしゃり、そして最後に、

このうえは、念仏をとりて信じたてまつらんとも、またすてんとも、面々《めんめん》の御《おん》はからいなり。

という決断を迫る言葉が記されています。決断といっても、私たちがする決断ではありません。親鸞聖人のおっしゃる決断とは、その決断の中に自分を超えたはたらきによる決断という意味も含まれており、その言葉の中には親鸞聖人の門弟に対する激しい気持ちが流れているのです。これをどう読むべきか、これも一つの問題です。

私はここで、キェルケゴールという十九世紀デンマークの哲学者の言葉を提示したいと思います。私たち日本人は明治以降、西洋の思想を学ぶことによって世界の普遍的な視野を開

拓しましたから、キェルケゴールの思想は理解しやすいようです。キェルケゴールには宗教的著作がいくつかありますが、その中に宗教哲学三部作があります。その一つ『キリスト教の修錬』という本の中で、こういう趣旨のことをいっています。

あなた方は今、キリスト教徒というのは世界に何億という信者がいるし、そして皆キリスト者だと思っている。しかしキリスト教が生まれたときはどうだったか。私たちの前に三十過ぎの乞食のような姿をした青年が現れて、私を信ずる者はついて来なさいと言われたら、そのときあなた方はついて行くか、それが信仰の問題なのだ。

キリスト教でよく「躓《つまず》き」ということをいいますが、これが「躓き」ということの意味だということを言っているのです。

イエスが乞食のような姿をして私たちの目の前に現れて、私についてくるかどうかと迫る、そのとき本当についていくことができれば、それが本当の信仰だということをキェルケゴールは言うのです。

それと同じことを親鸞聖人も言っています。十余ヵ国のさかいを越えて命がけでやってきた門弟たちに、私は理屈のことは何も知らない、理屈を知りたかったら南都北嶺に行きなさい、比叡山へ行ったり、奈良へ行ったりして勉強しなさい、私にとって大事なことは法然上

人が「ただ念仏して弥陀に助けられよ」とおっしゃったその言葉に従うだけですと。そして最後に、

このうえは、念仏をとりて信じたてまつらんとも、またすてんとも、面々《めんめん》の御《おん》はからいなり。

この言葉の中に、晩年の親鸞聖人が自らの宗教的実在との出遇いを門弟たちに語り、それを聞くそれぞれ一人一人に対して信仰の決断を迫るという、そういうダイメンション（次元）が表れています。これが親鸞聖人の宗教というものです。

そう読むと、『歎異抄』という書物のもつ宗教的意味がはっきりしてきて、決して人を甘やかしたり、人を楽しがらせたりすることを語っている本ではないことがわかります。

六　宗教の普遍性を開く

このように、宗教の普遍性ということを語ることなしには、宗教の真理性というものは成り立たないと私は思います。また、親鸞聖人が開かれた宗教的真理を人々に伝えるということが、現在私が、親鸞聖人の教えに耳を傾けている唯一の意義だと思っています。

そして、親鸞思想の普遍性を明らかにすることなしには浄土真宗の未来はない、と考えています。浄土真宗だけではありません、仏教にも未来はありません。なぜなら、人間は従来の宗教的真理の表現だけに頼っていては覆い尽くされないような大きな視野を必要とするようになったからです。それがはたして人間にとってよかったのか悪かったのか、それはわかりません。インディファレントな世界が膨大な広さの視野を開いていることを人間が知ったとしても、それは人間が生きる幸せにとって、はたして意味があるのかどうかわかりません。そして、そういう人間の開いた視野が膨大になったということに対して、もう一つには極微《ごくみ》の世界があります。巨大な視野を開くと同時に、極微の世界に分子生物学という学問を開く、どちらも科学によってですが、これら科学によって開いた視野がはたして人間にとってプラスになるのかマイナスになるのかわかりません。

しかし、そういうインディファレントな宇宙を開いていくことが人間にとってプラスになるとは、私には思えないのです。むしろ『歎異抄』が開くような世界のほうが、人間にとって本当にプラスになるのではないかと思うのです。『歎異抄』には人間の視野を外に開いていくのではなく、内に開いて人間が自分自身をどう見るか、という考え方に迫るところがあります。

第三条はよく知られた「悪人正機《あくにんしょうき》」という教えについてです。

善人《ぜんにん》なおもて往生をとぐ、いわんや悪人《あくにん》をや。

これもいろいろな解釈があります。私は、悪人正機によって、善悪とか道徳とかいう領域とは違った領域が人間にはあるのだということを親鸞聖人は教えたかったのではないかと思うのです。

第四条、第五条は慈悲や、父母に対する孝についてですが、これはすべて人間の道徳に関係することです。

第四条でいう慈悲というのは、現代ではたぶん愛に関する事柄と考えてよいでしょう。人間の愛情というのはどんなに切実なものであっても末通《すえとお》らないものだというのが親鸞聖人の言葉です。例えば、最愛の子どもが何の落ち度もないのに突然死んでしまうという状態におかれたとき、はじめて親鸞聖人のその言葉が力強く迫ってくると思います。人間の愛情がどんなに真実であっても末通らないということは、いわばそういう極限的状況におかれた人間がはじめていえることです。

今生《こんじょう》に、いかに、いとおし不便《ふびん》とおもうとも、存知《ぞんじ》のごとくたすけがたければ、この慈悲《じひ》始終なし。しかれば、念仏もうすのみぞ、すえとおりたる大慈悲心にてそうろうべき云々。

親鸞聖人は決して、「浄土の慈悲」と「聖道の慈悲」との二つ慈悲があって、その区別がどういうものだなどと、そんなことをおっしゃっているのではありません。人間のもっている愛情というものがどんなに限りのあるものかということを痛切に知るときに、はじめて親鸞聖人のおっしゃるその言葉が生きてくるのです。

第五条は親孝行の問題を取り上げています。

親鸞《しんらん》は父母《ぶも》の孝養《きょうよう》のためとて、一返《いっぺん》にても念仏もうしたること、いまだそうらわず。

とおっしゃっているのも、仏教徒の孝ということに対する深い苦悩を背景に置いています。中国でも日本でも、親孝行ということが大きな徳になると思われています。しかし親鸞聖人は、仏道というのはそういうものではないと言いたかったのです。

それは曹洞宗の開祖、道元禅師も同じです。あるとき、道元禅師に弟子が、「私は老いた母をもっています。その生活をすべて私がみています。私が修行のためにこの老婆を捨てると、母は死んでしまいます。どうしたらいいでしょうか」とたずねました。道元禅師は、「これはたいへん難しい問題だから自分でよく考えなさい。しかし、もしあなたが母親のために修行を捨てることがあったら、お母さんは、自分が息子の修行に力を尽くさせなかったということで迷いの世界に落ち込んでしまうでしょう。あなたもその修行を全《まっと》うしなかったということで、苦しみにあうでしょう。もしあなたが母親を捨てて修行を全うしたならば、たとえお母さんは死んでしまうとしても、お母さんはその功徳によって永遠のいのちを得るでしょう」という意味のことをおっしゃっています。

これは「流転三界中、恩愛不能捨、棄恩入無為、真実報恩者」(『清信士度人経』)、つまり衆生は欲・色・無色界の三界を流転している間は恩愛を断つことはできないが、今、この恩愛を棄てて仏の世界に入ることこそ真実の報恩である、ということを道元禅師は弟子に言っておられるのです。このことは道元禅師の言行を記した『正法眼蔵随聞記』に書いてありますが、それと同じ意味のことが『歎異抄』第五条の「孝養父母」には含まれるのです。私は、親鸞聖人は念仏を孝行のために使わないという、そんな程度のことをおっしゃっているのではないと思います。

七 『歎異抄』を読む意味

『歎異抄』の中にはそのような親鸞聖人自身が苦悶された問題が込められていて、それを弟子たちの問いの中で取り上げておられるのです。そのように読み解くことが、『歎異抄』を読む一つの大きな意味だと思います。

『歎異抄』には完成した読み方があるのではなく、我々はその教えの中に身を投ずることによって、身をもって解答を求めなければなりません。『歎異抄』はそういう意味をもっている書物です。宗教的な書物はみなそういう意味をもっているのです。

現代において何らかの形で宗教の問題を考えようとする者は、その教えの普遍性ということを十分に説得できなければなりません。科学的なものの考え方をする人は、キリスト教的な意味でいうと、無神論の立場になります。こんなことを言っては失礼かもしれませんが、先述の野本陽代さんのすばらしいハッブル望遠鏡の写真を見て、百三十七億光年かなたの世界、あるいは「深宇宙の世界」という言葉で説明されるすばらしい宇宙について読みながらも、私は、インディファレントな世界に対する、心が冷えるような、心が凍るような気持ちをもたざるを得なかったのです。人間は、はたしてこれだけのものなのだろうか。野本さんは、そういうことを知るのが人間だから、人間がもしそれを知らなかったら、宇宙でそれを知っている者は誰もいないんだということを書いていらっしゃいます。そしてそれが人間として生きることの意味だというふうに読めないことはないのですが、はたしてそれだけのことだろうかと私は思うわけです。そういうことだけで、人間が人間としてあることが成り立つのだろうかという思いがするのです。

最後に、私の尊敬する西田幾多郎先生は、「自分の人生は黒板を前にして坐した前半と、黒板を後ろにして立った後半と、それに尽きる」（上田閑照編『西田幾多郎随筆集』岩波書店）とおっしゃっていました。私にとっての最後となる今日のこの講座にあたり、私も同じような気持ちがいたします。たまたま教員として四十年近く過ごしてきたその最後の年を、親鸞聖人とご縁の深いこの越前の土地で終えることを私はたいへん光栄なことと思っています。

the fourth Lecture

4 死から学ぶ生の意味

田代俊孝

田代　俊孝（たしろ・しゅんこう）

1952年生まれ。大谷大学大学院博士後期課程満期退学。カリフォルニア州立大学客員研究員を経て、現在同朋大学大学院文学研究科教授、博士（文学）、名古屋大学医学部倫理委員、同講師。いなべ市行順寺住職。
著書：『親鸞の生と死』『悲しみからの仏教入門』『ビハーラ往生のすすめ』『人間を観る──科学の向こうにあるもの』（以上、法藏館）、『がん体験からの人生観』（同朋舎出版）、『広い世界を求めて』（毎日新聞社）

「死から学ぶ生の意味」（2001年度仁愛大学「公開講座」）

2001年10月23日（火）／於：仁愛大学

4 the fourth Lecture

死から学ぶ生の意味 ● 田代俊孝

一 仏教の問い直しから

私が「いのち」の問題に取り組んで二十年近くになります。私自身がなぜこの問題を考えはじめたのか、そんなところからお話ししていきたいと思います。

私は今から二十六年前、母校の大学院を出たあと名古屋にある今の大学に勤め、しばらくは研究室の雑務をしていました。

そのときに、私なりにふと思ったのです。ふと、というよりも、行き詰まったといったほうがいいかもしれません。私は仏教、なかでも真宗学の勉強をずっとしてきました。しかしふと気がつくと、真宗学をテーマにした論文のネタ探しをしていたのです。大学というところですから、論文を書いて、業績を積んで、著書を書くと、地位が上がっていくので論文を書くのは当然です。しかし、数学とか物理学とか、他の分野の学問ならともかく、真宗学という学問をやっていて、論文のネタ探しばかりをしている自分に気がついて、「仏教っていったい何なのか」「真宗っていったい何なのか」と考え直しました。なぜなら、真宗学とか仏教学というのは、生き方や自分のあり方を問う学問だと考えていたからです。仏教というものを研究室の中やお寺の中、つまり客観的な学問の世界、あるいは特殊な世界だけに閉じ込めていていいのか、しかも、論文のネタ探しをしている自分のあり方が、私には大きな問題に思えたのです。それを機会に、「では、仏教って何だろう」と、「仏教はもっと社会に開かれたものではないだろうか」と、もう一度最初から問い直すことにしました。

仏教のもともとの出発点というのはご承知のとおり、カピラ城の皇太子ゴータマ・シッタールダという方に始まります。シッタールダは、あるとき東の門を出ていったら、年老いた老人に出会い、人はなぜ老いるのだろうという疑問をもちました。南の門を出ていったら、病の人に出会い、人はなぜ病むのだろうという疑問をもちました。そして、西の門を出ていったら、お葬式の列に出会い、人はなぜ死ぬのだろうという疑問をもちました。その生老病死の苦しみをいかに超えていけばいいのか、という課題をもって、カンタカという白い馬に乗り、お城を抜け出して道を求め、そして真理に目覚め、目覚めた人「ブッダ、釈尊」になられたのです。

そうすると仏教というのは、そういう人間の根本的な課題である「生」「老」「病」「死」、あるいはそれらにまつわるさまざまな苦悩を超えていく道であるといえます。学問的に捉えるとしても、観念的なものであってはなりません。課題や道を問い続けるような学問でなければならない、と思ったのです。そういう視点をもって、もう一度最初から仏教を問い直していきたいと考えました。

また、私は真宗学を学んできたので、その課題が釈尊から親鸞聖人に至るまで、どのように展開されてきたのかということも考え直してみたいと思いました。釈尊から後、浄土真宗では七高僧といわれる龍樹、天親、曇鸞、道綽、善導、源信、源空、そして親鸞聖人までのお念仏の伝統をもう一度眺め直してみたい、そして親鸞聖人の『教行信証』もそのような視点で見直したらどうなるだろう、と。そう考えると、仏教がものすごく新鮮に見えてきたのです。

二　老・病・死の苦に対して

釈尊が抱いた生老病死への苦悩は、考えてみれば今日の私たちもまったく同じ課題をかかえています。日本はたいへんな勢いで高齢化社会になっています。高齢化ではなく、高齢社会だといっていいかもしれません。そういうなかで、「老い」をどのように受け止めていけばよいのでしょうか。老人ホームや老人病院へ一歩足を踏み込むと、そこに入っておられる方は、ほとんどの方が異口同音に「こんなはずではなかった」と言っていのちを終えていかれます。しかし、施設はとても立派です。冷暖房完備、バリアフリー、三食昼寝付きで至れり尽くせりの生活空間なのです。私が住んでいる寺の暗く寒い庫裏《くり》に比べると、はるかに快適な生活空間に皆さんおられます。なのにそこにおられるほとんどの方が、「こんなはずではなかった」とおっしゃりながら、その生涯を終えていかれるのです。なかには「亡くなる順番を待つ日々です」とお手紙をくださる方もあります。

考えてみれば不思議なものです。これだけ豊かな社会です。介護保険制度ができてから、老人施設に対してもたくさんの公的資金が投入されるようになりました。しかしそれだけの素晴らしい施設にいながら、「こんなはずではなかった」といのちを終えていく、それが今の福祉行政のいちばんの大きな落とし穴であると私は思うのです。そこでは、心のケアとか精神的なサポートなどが、何らなされていないという問題があります。

そして老いていく人自身が自分の老いをどう受け止めるか、また、その老いていく人にどう関わっていくのかという問題もあります。

現在、日本では約三分の一の人が癌で亡くなっています。癌で亡くなる人やその家族にとってまず真っ先に大きな問題となってくるのは病名告知です。

最近では告知率は上がってきているものの、癌の発見が遅ければ遅いほど告知率は低くなります。家族もお医者さんも、「あなたは癌ですよ」とは言わないのです。けれども、患者さんにしてみれば、自分が癌であることに疑いをもたない人はいません。癌センターに入院していて、自分が癌だと思わない人は誰もいないのです。「私のは良性のポリープだから」と言い訳される方もありますが、口で言うだけで、だいたいみんな察知しているわけです。一緒に入院している隣の人が、抗ガン剤を飲み、髪が抜け、痛みを訴えて、痩せ細って、亡くなっていった。その人が亡くなるひと月前に飲んでいたのが、自分がいま飲みはじめたのと同じ薬ならば、やがて自分がどうなるかは明らかです。

そうすると、本人も本当のことを察知している、けれども家族は自分のことを配慮して本当のことを言わず、知らないふりを演じている。両者が本当のことを知りながら、両者とも真実とは違うことを言っているわけです。もっと言えば、長年連れ添い苦楽を共にしてきたご夫婦が、信頼関係を失って別れていくということも起こってきます。もっと厳しい言葉で言えば、騙《だま》し合いながら、腫れ物に触るように死を迎えているというのが現状なのです。

肉親を癌で失った家族の人たちに行ったアンケートの中に、こんなことが書いてありました。病名告知をしなかった方のコメントです。

「夫の死後、〝妻に心配をかけないように騙されていよう〟という日記を読んでショックだった」。ご主人が癌で亡くなった後に、奥さんがご主人の残された日記を読まれたのです。そうしたら、「妻に騙されていよう」と書いてある。知っておられたんですね。

また、「看護するなかでいちばん辛かったことは？」という設問には、「なんといっても嘘をつきとおす辛さです。日ごとに弱っていく人を見ながら、いつも笑顔をしていなければならない。屋上で、洗面所で思いっきり泣いて部屋に戻ると、そこには死を目前にした人がいて、自分の不在を詰問する。病人の神経は鋭くなっています。いろいろ話し合っておきたかったが、病名を告げていないので、それも思うにまかせなかった」と。ご主人が癌になり、奥さんが堪《こら》えきれず屋上に行って思いっきり泣いて、そして降りてきて泣き顔を隠すために洗面所で顔を洗い、作り笑顔をして病室に戻っていく。そうすると、あと何日と言われている夫が横たわっている。神経が鋭くなっているのかもしれません。「今どこに行っていた。お医者さんに何か言われたのか。看護師さんに何か相談してきたのか」と、こう詰問されたということです。

そういう場面において、私たちがいのちというものをどう考えたらいいのか、あるいはそういう状況になったとき、私たちはどうしたらいいのかというようなことを、普段から考えておく必要があります。

告知した方のコメントに次のような言葉がありました。

「四十年あまりの年月、これほど一体になれたことはなかった。一日一日が尊い時間だった。二人だけの貴重な日々を送られた」と。

あるいは、「父とあまり話すことはなかったが、告知後は二人でゆっくり話す機会ができ、今まで気づかなかった考え方や、私への思いを知ることができた」。「〝教えてくれてありがとう〟と言った。〝自分ひとりではどうにもならないから力を貸してくれ〟と言い、以前よりもとても穏やかになった。死を覚悟してからは、家族や兄弟に今までの礼を言い、死後のことを依頼した」と。

なかには病気になったご本人のコメントもあります。

「私、病気になってよかったと思います。人生を今までとても粗末に生きてきたようです。今は、人生を二度生きたような気がします。病気は不運だけれど、不幸せじゃない」。告知された方のすべてがこうではありませんが、そう言われる方もおられるのです。

一方では告知をしないまま、「こんなはずではなかった」と言いながら、騙し合いながら死を迎えていくというような現状もあるわけです。ご家族のこんなコメントもありました。「告知をしておけばよかった。あと何日といのちの終わりの時間が知らされても、日常会話に終始してしまった。大切な時間だったのに……この思いが時とともに強くなる」と。いちばん多かったのは、「医師は精神的ケアをもっと学んでほしい」。「死を予感した病人は、医師との会話を何よりも望む。時間の猶予のない患者の心の支えになるような、ゆとりの時間をとってほしい。病気を治すことも大切だが、死んでいく人をよりよく送ることも医療の役目だと思う」という声です。

これまでの医療には、そういう視点というのはまったくといっていいほどありませんでした。生はプラス、死はマイナス。延命こそがすべてだという考え方でした。そんななかで、医療というものも大きく変わろうとしています。私は大学の医学部で講義をもっています。医学部ですから、それこそ偏差値の高い学生が「いい医者になって、人を救いたい」という夢を抱いて来ているのですが、新入生には、「死んでいく人をよりよい医療で助けることも医療の役目である。また、死んでいく人をよりよく送るのも医療である」と、こんなことばかり言っています。若い学生たちにしてみれば、なかなかピンとこないことかもしれませんが、学生たちもいずれ、自分の担当している患者が死ぬ場面というのは必ず訪れるわけですから、そんなときには考えてくれるだろうと思って、言い続けるのです。

最近では「ホスピス」や「ビハーラ」がかなり大きな運動になっていますので、医療が変わりつつあるということは確かです。しかし、だからといって医療だけで変わるものではありません。やはりそこには、死を超えていく道理をもったもの、つまり仏教であるとかキリスト教であるとか、そういう普遍的な宗教が関わっていかないと成就していかないのです。

三　いのちを操作する現代医療

病の問題、死の問題とは、まさに現代の私たちにおける最大の課題です。最近では生命倫理の問題なども出てきました。一躍クローズアップされたのが脳死からの臓器移植の問題です。医療技術は日々どんどん進んでいきます。しかし、その進んだ医療技術でも、何をやってもいいというものではありません。

例えば脳死した人から臓器移植をすることは、脳死を〝人の死〟として臓器移植をするということですが、これにもいろいろな問題が伴います。そしてまた、そこからさまざまな問題が引き起こされてきています。従来では、心臓が止まり、呼吸が止まり、瞳孔が開いたところ（三徴候死）で「ご臨終です」と言っていたわけです。ところがベトナム戦争時に人工呼吸器が開発されました。頭をピストルで撃たれた場合とか、交通事故で脳挫傷になった場合に、その人工呼吸器につないだら、脳はやられても（脳の機能停止）首から下は健康だというような状態が出てきました。平易にいえば、そういう状態を脳死といいます。正確には⑴深昏睡、⑵自発呼吸の消失、⑶瞳孔散大、⑷脳幹反射の消失、⑸平坦脳波、⑹六時間以上の観察時間、という基準によって判定される「脳の不可逆的機能喪失」の状態です（植物状態ではありません。脳死は脳の全体が機能停止していますが、植物状態は脳幹といって脳の中で刺激反応を司る部分は機能しています）。しかし、脳死というのは、私が住んでいる三重県の山の中では絶対にありません。なぜだかわかりますか。それは、ICU（集中治療室）を備えた病院がないからです。つまりICUをもつ大学病院や総合病院でなければ、脳死患者は出てこないのです。そのときお医者さんたちは、「脳死の人はどうせ死んでいくのだから、間に合う人にあげればいいではないか」という発想から、心臓や肝臓や腎臓に疾患があり、移植を受ければ助かる人に移植をしようと考えました。それが脳死移植なのです。

その場合「どうせ死んでいくのだから」ということで、以前の法律のもとで脳死状態から臓器移植をすると殺人罪に問われてしまうことになっていたのです。人工呼吸器を用いた場合のみ脳死という状態が生じます。そして脳死を経て心臓死になっていくのです。脳は死んでも首から下の心臓は動いているというのは、従来の立場（三徴候死）でいえば生きているわけですから、それでは殺人罪になっていたわけです。それなら、〝人の死〟を心臓死ではなくて脳死にしよう、という考え方が脳死からの臓器移植の法案だったのです。新しくできた現在の日本の法律では、移植に同意するドナーカードを持つ人については脳死を人の死としますが、そうでない人には従来の心臓死を人の死とする、という二本立てです。一つの国に死の定義が二つあるというのは奇妙な話で、日本ぐらいのものです。そうして脳死移植が始まりました。助かるほうはいいのですが、考えてみれば提供する側の尊厳性というものはまったく無視されています。どうせ死ぬのだから、死んだも同然だからという考え方なのです。脳死状態であっても、妊娠中なら子どもは成長していきます。ならば脳死体から産まれた子どもは、死体から産まれたのかということになってしまいます。また、安易に脳死を人の死と認めると、脳低体温療法のように脳死にならなくするための研究があまりされなくなるのではないかということも心配されています。

私には、こんな経験があります。一九九七年夏頃、日本テレビ系で「ドキュメント'97」という夜中に放映された番組がありました。これは日本人の死生観を何人かの人で語り合う番組で、その収録が私のお寺の境内でありました。私と、ドナー家族会の会長と、それから、お子さんに心臓疾患があって「〇〇ちゃん基金」の募金でアメリカに行って移植を待つうちに、そのお子さんが亡くなってしまったという経験をもつお母さんの三人で話し合いました。その中でそのお母さんが、「私は毎週金曜日の晩が待ち遠しかったです」と、涙ながらにおっしゃいました。なぜならアメリカでは週末はよく家族でドライブに行きますから、金曜日の晩は子どもが交通事故にあって脳死になる確率がもっとも高いのです。そのお母さんにしてみれば、日本でたくさんの募金をしてもらいアメリカに行っているので、移植をして早く日本に帰りたい一心で、金曜日の晩が待ち遠しかったのでしょう。「我が子のためとはいえ、誰かが死ぬのを待っていました」ともおっしゃいました。しかし、それが事実なのです。脳死移植というのは誰かが死ぬのを待つことです。ウェイティングリストに名前を載せているというのは、誰かが死ぬのを待っているということなのです。輸血じゃないのです。そういう状態が私たちにとって、はたしてよいことなのでしょうか。

さらに今日では、移植用の臓器が足りないということで、いろんな試みがなされています。例えばクローンです。同じＤＮＡをもつ複製群を作っていく技術、つまりコピーを作るということです。人のクローンを作れば臓器のスペアが作れる。しかし、人のクローンを作ってよいのかという問題があります。アメリカではクローン人間の生産は禁止されていますが、細胞や組織の段階までは大丈夫です。日本ではそれよりまだ厳しい条件をつけています。

他に「キメラ」という技術があります。ギリシア神話に顔はライオン、体は羊、しっぽは蛇という奇妙な動物がいて、それをキメラといいますが、そこから異なる動物の遺伝子セットをもつ細胞による個体を医学用語でキメラと呼んでいます。アメリカのピッツバーグ大学は移植医療でたいへん有名な大学で、名古屋大学出身の先生もたくさんおられます。ある時そこを訪ねましたら、岩月瞬三郎先生というたいへん著名な先生が、「いや久し振りだ。せっかく来てくれたのだから、いろいろ見せてあげましょう」と、学内の施設を見せてくださいました。そこにはいろいろな種類のブタがいたのですが、「このブタはタネも仕掛けもあるブタだ」とおっしゃるんです。「どういうことですか」と聞いたら、「君の血液型は何だ」と聞かれたので、「AB型です」と言ったら、「このブタもAB型。こっちはO型」と言われました。

アメリカでは、ブタから人間に腎臓やらいろいろなものを移植するというわけです。これを異種移植といいます。しかし、直接移植をすれば当然、拒絶反応が起こり、すぐ血液が凝固してしまいます。そこで人の遺伝子をブタに投与し、人の血液型、あるいは人と同じ体質をもったブタを作るのです。ですからAB型のブタも存在するわけです。そこからAB型の人に臓器を移植すれば、拒絶反応はひじょうに少なくてすみます。

さらに最近ではもっと違う方法が出てきました。生殖補助治療が進み、体外受精や顕微受精を行うようになりました。昔は試験管ベビーというだけで驚かれたものですが、今ではもっとすごいことを行っています。受精卵の核を抜き取って、入れ替えをするのです。その結果、試験管ベビーなんていっても誰も何とも思わなくなったように、私たちの倫理感覚というのはどんどん麻痺してきています。生殖補助治療はさらに進み、体外受精をして、一卵性の三つ子、四つ子の卵を作り、二個をお母さんのお腹の中に入れて出産し、残った受精卵は冷凍庫に入れて保存しておきます。マイナス二四〇度で急激冷凍しておくと、受精卵を痛めないで保存しておくことができるのです。今はたいていの大病院がやっています。上の子が生まれて二歳ぐらいになったときに、「もう一人子どもがほしい」となると、冷凍庫から受精卵を出してきて、解凍してお母さんのお腹の中に入れて出産させるわけです。そうすると、歳の違う三つ子や四つ子ができてくる。そういうケースが日本でも何例かあります。

凍結保存している受精卵は、一定期間が過ぎたら廃棄処分しますが、最近その基準が見直されています。離婚した場合とか、片方が亡くなった場合、あるいは女性の出産適齢期が過ぎたような場合には廃棄処分にします。ところが、不妊治療している途中に夫が亡くなってしまった場合、「夫は亡くなってしまったけれども、その人の子どもが絶対にほしいから」と、体外受精を行うケースが最近はあるのです。実際に、夫が亡くなった後、そのことを医師に告げないで出産し、認知をめぐって市役所と裁判で争っているケースがあります。日本産科婦人科学会はこれを禁止しています。

しかし、日本の場合は基本的に廃棄処分します。そうしたらお医者さんたちが、廃棄処分にしている受精卵を「研究に使わせてほしい」と言い出したのです。理由は、人胚細胞、胚性幹細胞（ＥＳ細胞）としての利用です。受精卵は七日目を過ぎると胎児に近づいていき、十四日目ぐらいで背骨の筋が入ります。どの部分が頭になるとか手になるとかは、七日を過ぎたくらいのところで決まるのです。しかし、七日までは「全能性」といって何にでもなれる細胞、つまり万能細胞なのです。この万能細胞を動物に組み込むと、人の体の一部を作るということが可能になるわけです。サルやブタにこのＥＳ細胞を使って、それらの動物に人間の組織の一部、体の一部を作らせるのが今の技術なのです。それを作り、しかもクローンやキメラの技術を組み合わせ、どんどん複製を作る。そうすると臓器生産工場ができます。しかしヒトＥＳ細胞を作るのに、アメリカではいろいろな法律の規制があります。グローバルな時代ですから、そうなると規制のない国でやることになります。イタリアとアメリカの医者が「人のクローンを作ります」と公言し、規制のない国へ行って作るというわけです。ぞっとするような話ですね。

一方では臓器が足りないからといって、路上生活している子どもを誘拐して売りさばくという事件があちこちで頻発しています。ここにブラジルの日本語新聞を持ってきました。「八万ドルで乳児の心臓を売る密売組織」（一九九三年九月十九日、サンパウロ新聞）という記事ですが、三万五千ドルと書いてある新聞もあります。こっちは、「子どもの行方不明が多発。半年で七五〇〇人。臓器売買が目的か？　サンパウロ市」（一九九四年八月六日、パウリスタ新聞）とあります。路上生活をしている子どもたちをさらって、偽装の親子縁組みをし、中東の国へ連れて行って売りさばくということが、フィリピンやインドでは実際にされています。日本のサラ金業者が借金の取り立てで「腎臓片一方売れ！」と言うようなシーンがありますよね。あれは大げさではないのです、本当に臓器をほしい人と売る人をフィリピンに連れていって、そこの病院で移植をさせるわけです。インディアンタイムズ紙によると、インドのチェンナイ（マドラス）の郊外にビルバッカムという村があり、そこには腎臓が片方ない人がたくさんいるそうです。腎臓を片方売ってミシンを買い、生計を立てているとか、そういうことがいわれています。倫理問題は南北問題でもあります。

さらに、遺伝子、ゲノム（全遺伝子情報）の問題があります。ＥＵと日本とアメリカの共同チーム、そしてアメリカのベンチャー企業のセレラ社が競うことによって解析の完成度が増したといいます。今、遺伝子多系の解析をやっています。いろいろな病気の遺伝子を突き止めることが可能になりました。あるいは、人の体の特徴的なものがどの遺伝子に当たるものなのかなど。遺伝子の十八番目とか二十一番、二十二番あたりを日本のチームは研究しているのかなど。例えば、Ｐ53と呼ぶ肺癌になる遺伝子がわかってきています。予防医療の研究者から私がメンバーになっている倫理委員会に、「Ｐ53という遺伝子をもった家系調査をしたいのだがよいでしょうか」などというような話がきます。予防医療の立場からすれば、肺癌になる遺伝子があるとわかったら、煙草を吸わなくするとか予防に気をつけるから、いいことだというわけです。ところが、それはもっと大きな問題を孕んでいます。例えば「あそこのある家系は肺癌の家系だ」とわかれば、結婚差別や就職差別などを受けるかもしれません。あるいは、小さな子どもが「自分は将来肺癌になるのだ」とわかってしまったらどうでしょうか。

遺伝子の問題点というのは、優性主義になっていくことにつながりやすいのです。役に立つ、立たないという物差しで計ることによって、役に立つ遺伝子、役に立たない遺伝子と判断される。そして、役に立たない遺伝子は排除していく。この最たるものは赤ちゃんが産まれてくる前に検査をする出生前診断です。現代は受精卵の診断でいろいろなことがわかります。実際に多くなされているのは羊水検査です。妊娠途中に羊水を取り、簡単なマーカーで検査をするだけで、その子が産まれてからかかるであろう三千種類ぐらいの病気の可能性がわかります。日本産科婦人科学会では、「筋ジストロフィーとダウン症の場合は告知してもよい」という指針を作りました。育てるのも大変だし、社会的なコストがかかるから、というわけです。そうしたら、京都のダウン症をお持ちの親御さんの会の方が、「ダウン症児の存在が否定されたようで悲しい」という声明を出しました。当然のことです。ダウン症の子どもは産まれてくるなということは、いま生きておられるダウン症の子どもの存在を否定することになるのです。

テクニックや技術はどんどん進んでいきます。しかし、考えなければならないのは、日本ではそれに伴った心のケアとか倫理観というものは全然ついていっていないということです。ＥＳ細胞の問題についても、アメリカではテレビ討論で大論議しています。アメリカの場合、開発費の二パーセントを生命倫理の問題を研究したり討論会を行うのに投入するという申し合わせがあります。そうして是非を世論や社会に問うていくようなところへきっちり供託するようになっています。ところが日本の場合はまったく逆です。「あまり知らせると、ややこしくなるから」とか、業者や製薬会社は、「法律ができるとできなくなるから、早くやれ」という感じで、結局、倫理や法律は後追いになっています。今、倫理を検討しているのは、ゲノム、クローンの研究レベルということになっていますが、実際の研究段階はもっと先に進んでいるのです。そうすると、いのちとか人間というものをどう考えたらいいのでしょうか。私は、技術だけが進んではいけないと考えています。

私がいつも頭にとどめている言葉があります。それは真宗大谷派の僧侶で東洋大学を創設された井上円了《いのうええんりょう》（一八五八～一九一九）の「万学の基礎は哲学である」と言われた言葉です。今はだいたいどの大学でも、文学部の哲学系学科は定員を確保するのに必死になっている時代です。国立大学の哲学の研究室などは特にそうです。そう聞くと、なんだか世の中がおかしくなっていくのではないかという気すらします。あまりにも実学志向です。金になることばかり考えているのでしょうか。

こういう時代だからこそ、私は虚学――あえて虚学と申しますが――哲学や仏教などの学問を高度な教養として、きっちりと身につけていかなければならないと思うのです。生命倫理の問題に関わっていると特にそう思います。医学者の中には、僧侶以上に仏教を研究している方もおられます。しかし、多くの方々はそういったことに対して教育を全然受けてきておられません。なぜならばカリキュラムの中に入っていないのですから。ですから、「面倒くさいことを言ってないで、やれるのなら移植してしまえばいいじゃないか。この子は助かるのだからいいじゃないか」というような考えになってしまいます。

しかし、人類としての長いスパンで考えたらどうでしょう。そう考えるベースが宗教であり哲学であると私は思うわけです。

四　仏教からみる死と生

仏教には二千数百年の歴史があります。そのなかで「いのち」はどのように見られてきたのでしょうか。

通常私たちがいのちというと、何歳の寿命、というような量的な視点で計ってしまいます。量的な視点で計るということは、いのちをモノ化しているということです。量ですから長い短いと計ることができます。そして、長ければ長いほどいい、というような見方になります。これは生と死を分断して見ていくということであり、しかも、そういういのちというものは、どこまでいっても満足する世界はありません。

かつて人生五十年といいました。今は人生八十年です。五十年から八十年へ延びて満足したのでしょうか。していないですよね。みんな、「こんなはずではなかった」と言って死んでいくのです。「私は臓器移植をして百五十歳まで生きるつもりだった」と言う人がいたとしたら、「百四十歳で死ぬのは不本意だ」とか、「あの人は臓器移植をして二百歳まで生きた。私は百五十歳で死ぬのは不本意だ」とか。

いのちをモノ化している限り、それで苦を超えていくということの完全解決にはならないのです。つまり、その見方が間違っているということです。あるいはモノ化していくがゆえに尊厳性が失われていき、いのちがパーツ（部品）になってしまうのです。したがって、いくらそれを延ばしても、量的な見方では解決にならないことになります。

仏教ではそういう見方でいのちを見ません。日本人も西洋人も、死というものをタブーにしてきました。「縁起でもない」「汚らわしい」と言います。「汚らわしいから塩をまいてあっちへ行け」と。ところが本来仏教では逆なのです。生や死に目を背けないで、きちんと見据えなさいと教えます。生や死を見つめると、何が見えてくるのでしょう。釈尊が最初に言われた言葉は「諸行無常」です。一切は常ではないのです。明治時代の宗教哲学者清沢満之《きよざわまんし》（一八六三〜一九〇三）は、

生《せい》のみが我らにあらず、死もまた我らなり。我らは生死《しょうじ》を併有《へいゆう》するものなり。

（『絶対他力の大道』）

と言っておられます。私たちは、生と死を併せもっているわけです。それらは等しく見るべきなのですが、死をタブーにし、生だけこっちに来いという見方をしてしまっています。

釈尊は「一切は常ではない」と言われました。私たちは常でないものを常だと思っているから、苦しまなければならないのです。私たちは頭の中で「私はいつまでも若い」と思っています。でも鏡を見るとがっかりしなければなりません。若いはずの私に、どうしてこんなに白髪ができているのだろう、などと。しかし、鏡を見てみれば、誕生の瞬間から着々と老いていく身だと、老いて当たり前だったと気がついて、はじめてその老いが受け容れられる

のです。若いはずだというところに立っている限り、どこまでいっても、こんなはずではなかったと苦しんでいかなければならないのです。

病も同じです。私たちの頭の中では「健康であることが当たり前だ」と思っています。ところが、健康が当たり前の私が入院するわけです。どうしてこんな目に遭わなければならないのだろうかと、あっちへ祈りこっちへ祈りしているうちに、どんどん病気はひどくなります。「足の裏を見てあげましょう」なんて言われ、財産を全部取られるようなご時世です。無常、つまり常ではないのですから、健康なときもあれば病むときもあります。病んで当たり前なのです。病んで当たり前なのだというところに立ってはじめて、その病を受け容れることができるのです。また、お医者さんに向かっていけるはずなのです。「健康が当たり前なのに、どうしてこんな目に遭わなければならないのか。隣の奥さんは孫を抱いて楽しそうに暮らしているのに。先生は仏教を勉強しているそうだけど、なんとか答えてください。仏さんは不公平です」と言われることもありますが、答えは無常です。

死も同じですね。「他人は死んでも、自分は死なない」と思っている。しかし、死んで当たり前なのです。だからこそ、死をタブーにしないで見つめていく必要があるのです。死を見つめると、いのちはこの瞬間にしかないということが見えてきます。仏教では生と死を分けていわず、「生死《しょうじ》」といいます。そして「生死一如《しょうじいちにょ》」という言葉があります。もっと言えば、生もない死もない「無生無死《むしょうむし》」というわけです。本来実体のないものをあたかも実体があるかのごとく私たちは錯覚しているのです。

朝《あした》に紅顔《こうがん》ありて夕べには白骨となれる身なり　（『御文』）

とは蓮如上人の言葉です。

中国に曇鸞《どんらん》（四七六～五四二）という方がおられました。その著書『浄土論註』の中に、「無生無死」を説明するおもしろい例えがあり、親鸞聖人も『教行信証』の中に引用されています。「生死は亀毛《きもう》のごとし」と。亀毛とは亀の毛ですが、亀の毛をご覧になったことはありますか。多分ないと思います。なぜなら亀には毛は生えてはいませんから。ところが、おめでたい掛け軸を見ると鶴と亀が描いてあり、亀には毛がふさふさと描かれています。あれは本当の毛ではありません。藻が付いて毛のように見えているだけです。本来ないものを勝手にあるように思っているのです。いのちについても同じです。本来ないものを、我々は勝手にあると錯覚しているだけの話です。そして当てがはずれて、「こんなはずではなかった」と言っている。もともと、今にしかないものなのです。生死はこの一瞬に生死するいのちです。

その中で曇鸞はもう一つ「因縁無生《いんねんむしょう》」とも言っています。確固たる実体的ないのちが存在するのではなく、いのちもまた因縁によって生起するものであると言っています。私たち日本人は西洋教育を受けてきています。西洋の概念では、すべてを実在するものと見て、それを数字で計る、物差しで測るというものです。ところが仏教の概念では、それを「はからい」といって無視します。もともと実在しないのだから、数字で計ること、物差しで測るということはできないと考えます。仏教では、私たちは因縁存在です。因縁による存在ですから、確固たるものがあるとかないとかといえるようなものでもないのです。だからはかれないのです。「因縁無生」です。それを実体的に量的、モノ的な概念だと勝手に思っているから、当てがはずれてしまうのです。

そういったいのちに目覚めていくと、量では計れないという世界に気づかされます。ですから先程の癌告知のケースのなかで、告知された方が、逆に感動しているような場面が出てくるのです。もし、いのちを量で計るなら、例えば四十歳で亡くなっていく人は未練いっぱいで死んでいかなければならないでしょう。こんな不本意な人生はありません。ところが世の中不思議なもので、四十歳で亡くなった人でも、「豊かで幸福な人生だった。安心して満足している」と言って亡くなっていく人もいるのです。逆に百歳まで生きても、「こんなはずではなかった」と言って未練いっぱいで死んでいく人は、量的なところに囚われて、いのちを実体的に見ているので満足できないのです。つまり、いのちというものを見つめると、計れるものではないがゆえに、量ではないということが明らかとなります。生もない死もない、「無生無死」。そういうことに目覚めていくのです。

「生き甲斐」といいますが、これは裏を返して表現すれば、「死に甲斐」です。生き甲斐があるということは死に甲斐があるということです。ですから、生と死は分けて考えられるものではありません。死を問うと、逆に生が見えてくるのです。『論語』（先進篇）の中に、「未《いま》だ生を知らず、焉《いずく》んぞ死を知らんや」という言葉があります。死がわかったら生がわかるというのです。東洋的な発想からすれば、生死というのは紙の裏表みたいなものなのです。量ではありません。私たちの苦しみの原因はすべて、いのちを量的に見ていることから始まります。死に方の善し悪し、長短、等々の量的な物差しに囚われて、生はプラス、死はマイナスなどと言っても、生まれた以上は死に向かって歩んでいくわけですから、どこまでいってもマイナスということになってしまいます。したがって量的な見方から離れたときに、開かれてくる世界があります。量的な見方を離れる、それが生や死を見つめたときに見えてくるのです。

私が学生だったころ、『愛と死を見つめて』という実話を元にした映画がありました。大島みち子さんいう方が主人公なのですが、顔面に腫瘍ができてしまった。難儀して高等学校を出て、同志社大学の在学中に亡くなってしまいます。亡くなっていかれる時に、日記の最後にこういう歌を残しているんです。「人生長きが故に尊からず。人生深きが故に尊し」と。深いという言葉が使われていますが、ここは誤解を招きやすい部分です。先程、長い短いではないということをいったのですが、深さというと、深い浅いという囚われが出てきます。要するに、長い短いではない世界があるということです。そうすると、いのちを量的に見るのではなく、この瞬間にある生死という見方になるのです。

五　自己を超えたはたらき――自然法爾

死ということを見つめますと、もう一つこんなことも見えてきます。「いのちとは誰のものなのだろう」と。西洋的な教育を受けた私たちは、自我意識がひじょうに強く、自分のいのちとか自分の人生というように判断をします。しかし、自分のいのちと言うのならば、自分の力で生まれてきたということになります。「私は私の力でここに生まれてきました」と言う方がいたらお会いしたいものです。そんな人は誰もいません。父があり母があり、祖父があり祖母がある、連綿と続く親の連続によっていのちをいただいているのです。もの心ついた時に住所を聞いたら、そこが今の場所だった、自分の名前もあとから知ったということでしょう。また、自分のいのちとか自分の人生と言うならば、自分で思いどおりに死んでいけるはずです。上手に死ぬとか、美しく死ぬとか、自分の思いどおりに死ぬことなど、できることではないのです。

死というものは人間の思いを超えたものです。なのに私たちは自我意識が強いので、自分で思いどおりになる、上手に死にもできると勝手に思っています。思いどおりにならないものを思いどおりにしようと力んでいるわけですから、それが苦しみになるのです。清沢満之が、

如意《にょい》なるものあり、不如意《ふにょい》なるものあり。

（『有限無限録』）

と言われています。如意なるものとは私たちの意見とか動作とか、思いどおりになるものをいいます。不如意なるものとは、身体とか生死などをいいます。この区分を間違えると苦悩を生じます。不如意なるものを如意と勝手に思っているから、苦しまなければならないので

す。死に方の善し悪しについても、私たちはどんな死に方をするのかわからないし、いつ死ぬかもわからない、思いがけず死ぬわけです。だから死は思いを超えたものなのです。誕生も思いを超えたものなら、死もまた思いを超えたものです。生まれてから、今日まで思いどおりになってきたでしょうか。自分のいのちや自分の人生というならば、思いどおりになってきたはずです。けれども少しも思いどおりになっていないですよね。私は生まれてから今日まで、毎日毎日思いがけないことばかりでした。それを自分の思いの中に入れて、ああだこうだと言っているから苦しまなければならないのです。

親鸞聖人は、

善信《ぜんしん》（親鸞）が身には、臨終の善悪をば申さず。（『末燈鈔』）

とおっしゃっておられます。死に方の善し悪しは問わないと。どんな死に方をしてもいいじゃないですか。痛いときは痛いと言い、苦しいときは苦しいと言い、どんな死に方をしてもよし。「自然《じねん》」というところに立ったらいちばん楽なのです。上手に死のうとか美しく死のうとか、分別すればするほど、囚われて苦しまなければならないのです。

そう考えてみると、自分の思いを超えたなかに私たちは生かされているという気がしませんか。誕生も思いを超えたもの、死も思いを超えたもの。「自分が」「自分が」と力んでいますが、よくよく考えてみると、思いを超えた大きなはたらきの中に生かされ支えられている。「絶対無限の妙用《みょうゆう》」に生かされ支えられているわけです。孫悟空が觔斗雲《きんとうん》に乗って三界を飛び回っていても、仏さんの手の中だったという話のオチと同じです。

そういう自己を超えたはたらきの中に私たちは生かされています。自己を超えたはたらきというものを、親鸞聖人は「自然法爾《じねんほうに》」と言われました。

自《じ》は、おのづからという。……然《ねん》というは、しからしむということば、行者《ぎょうじゃ》のはからいにあらず、……行者のよからんともあしからんともおもわぬを、自然《じねん》とは申すぞとききて候う。

（「自然法爾章」）

よからんともあしからんとも思わない、分別を離れた世界です。そのような自己を超えたはたらきを「本願力」、あるいは「他力」といいます。私たちは思いを超えたものの中に生かされています。そこへ身を預けたら楽なのです。

絶対無限の妙用《みょうゆう》に乗託《じょうたく》して、任運《にんうん》に、法爾《ほうに》に、此の現前の境遇に落在せるもの、即ち是《これ》なり。

（清沢満之『絶対他力の大道』）

自分のいのちだと力んでいてもどうにもなりません。「不如意」です。不如意ということがわかったら、そこへ身をゆだねます。それを清沢満之は、「落在」とおっしゃいました。自然に身を任せたとき一切に満足すると言われるのです。

長いとか短いとかいっているものだから、不満が出てくるのです。誕生も死も、もともと他力という思いを超えた大きなはたらきの中に生かされ支えられているわけですが、その大きな手の中にありながら、長いとか短いとか、上手な死に方とか下手な死に方とか、よいとか悪いとか勝手にいっているのが私たちなのです。四十歳は四十歳、六十歳は六十歳。誕生も如来の勅命です。死も如来の勅命です。如来のままに生を受け、そのままでいいのです。如来のままに死していく、生死は不如意です。

そういう出遇いをしたときに、絶対満足するのです。自然に従ったときに、いのちというものを見つめたときに、そういった完全なる満足が得られます。あるいは、生ということ、死ということを見つめたときに見えてくる世界なのです。開かれてくる世界です。ですから、我々にそういうことを気づかせるチャンスを与えてくれるのが、生や死、いのちという問題です。そのいのちを見つめたときに、自分の思いどおりになるという自我が破られ、いのちそのものが見えてくるのです。私たちはそれを、「いのちの教育」といっています。

六　死の教育、いのちの教育

いのちの教育というのは、仏教の立場からいっていますが、西欧でも興ってきました。一九七〇年代、アメリカでは「タナトロジー」とか「デススタディ」と呼ばれる学問ができました。心理学、宗教学、哲学、医学、保健学などのいろいろな分野が学問の枠を取り払って、学際的に「死」を研究するということを共通テーマにした学問です。

最初は大学の医学部、薬学部、看護学部などの医療系の学部で講座が開かれていたのですが、そのうち社会学部や教育学部などでも始められました。そうこうしているうちに、死を考えることは意義のあるプログラムだということになり、小学校でもやってみようということになりました。それを「デスエデュケーション」と名付け、その先駆者がミネソタ大学のロバート・ブルトンさん、フロリダ大学のハネラー・ワースさんという方たちです。

私は一九九二年にこれらの先生を訪ね、リサーチをしてきました。ハネラー・ワースさんはフロリダ大学教育学部の教授で、彼女の教え子たちが近くのリトルウッド小学校でデスエデュケーションをやっているところを実際に見せていただき、授業の指導教案もいただいてきました。三ヵ月間のスポットの授業の中で、子どもたちに教育しておりました。このような教育を上智大学のアルフォンス・デーケン先生は、「死への準備教育」と訳されましたが、私にはちょっと違和感がありました。私はいのちを考える教育だから「いのちの教育」と訳したほうがよいと思ったからです。実際アメリカでも、死の準備というような感覚はありませんでした。

小学校の授業はどんなふうに行っているかというと、まず、子どもたちに身近なペットとの死別体験や、家族を亡くした体験などを話し合わせたり、意見発表させたりします。それから、教室にお医者さんや看護師さんに来てもらい、死の話をしてもらう、あるいは牧師さんに来てもらって話をしてもらいます。

葬儀屋さんにも来てもらいます。葬儀については日本とはちょっと違っていて、アメリカでは「エバーミング」といい、遺体に死に化粧をするのです。特殊な技術が必要なので、大学で葬儀屋の課程を終えて単位を取らないと葬儀屋さんになることができません。けっこうたくさんの科目があるわけです。葬儀屋さんには、悲しみを超えていくためのカウンセリングルームがあったり、デスエデュケーションのビデオがあったりするのですが、そんな葬儀屋さんに来てもらい、子どもたちへ話をしてもらいます。

天気のいい日はメモリアルパーク（公園墓地）に連れて行き、子どもたちに墓標を読ませます。死ということをタブーにさせないのです。いただいてきた指導要領には、授業目標に次のように書かれています（原英文）。死というものは必ずやってくるものだし、⑴死の究極性を理解すること、⑵死がライフサイクルの一部であることを受け容れるようになること、⑶悲嘆の諸段階について学ぶこと、⑷専門用語を覚えること、⑸他の文化圏に属する人の死について学ぶこと、⑹さまざまな死因について学ぶこと、⑺追いつめられた状態における死以外の選択肢を学ぶこと、⑻芸術、音楽そして文学に示された死について触れること、⑼死における儀式の執行について、そしてまた残された者の危機状況を救う癒しの特徴について理解することなどを学びます。そして最後に、⑽死はいつでも納得できるようなものではないし、公平にやってくるものでもない。それでも人生は満足できるし、幸せに送ることができる、そうしたことを理解すること、とあります（田代俊孝『仏教とビハーラ運動─死生学入門─』法藏館、参照）。

これらは先程私が申し上げた絶対満足の話と同じです。そんなことをアメリカでは小学校の三、四年生ぐらいが学んでいるのです。テキストもたくさんありますが、その中の一冊が日本でも発行された『葉っぱのフレディ』（レオ・バスカーリア作、みらいなな訳、童話屋）です。これは絵本で、アメリカには同様のものが他にもたくさんあります。

アメリカではこのようにデスエデュケーションを学校教育の中で始めています。しかし、それは何も特別なことではありません。言い換えれば、無常とか無我ということを、そういう言葉を使わないで教育しているだけのことなのです。それというのも、アメリカも一九七〇～八〇年代に、ちょうど今の日本で起きているような残忍な事件がたくさん起こりました。学校での銃の乱射など、たいへん残酷な事件も起きました。そういう反省から、先程のような教育が始められたのです。死を問うことによって、いのちに気がつき、そこからいのちの大切さや生きることの意味に出会っていくという教育なのです。私は現代社会の生老病死の問題を超えていくうえで、大きな一つのポイントになるのではないかと思っています。

先程、いろいろな医療のことを取り上げましたが、実際、最近の医療現場では、自己決定権を尊重してお医者さんがやたらと詳しい説明をしてくれます。昔は「寄らしむべし、知らしむべからず」といって、患者に病気の内容を知らせませんでした。しかし、今はインフォームド・コンセントといって、十分な説明をして同意を取って治療します。ということは、患者のほうにボールを投げかけられていることになります。患者が医者から説明を聞いて、医者から提示されるいろいろな治療法を選択するということになってきました。そうしますと、明確な死生観、いのち観をもっていないと選択できませんね。

例えばみなさんは、こんな場合にどう対応しますか。末期の大腸癌の患者さんがいて、お歳もめしておられるから進行も遅いだろうと、モルヒネを投与して痛みを取るだけの治療をするとします。こうすると痛みは減りますが、痛みを取るためのモルヒネで若干死期が早まります。別の方法として、とことん手術をして、人工肛門を付けたりして身体に障害や痛みを残しても延命するというケースもあります。前者か後者かは患者が選ぶわけですから、その人なりの死生観というものが問われてきます。あるいは、臓器移植にしてもいろいろな治療法の選択があります。患者の側にボールが投げられているのです。そうすると私たち自身が、それぞれの死生観、いのち観というものを確立しておかなければ、それに応えていけないわけです。あらためて私たちは、いのちということをタブーにしないで、もう一度問い直していくということが必要になってくるのです。

七　翻される人生

最後に、私どもの研究会（「死そして生を考える」研究会）の関わったケースを紹介します。岡山大学教授の阿部幸子先生のケースです。阿部先生という方は六十歳の時に大腸癌になられ、『生命をみつめる―進行癌の患者として―』（探究社）という手記を残しておられるのですが、その中にこんなことが書かれています。

　癌との出会い

癌とは私にとって一つの新しい体験である。しばらく平和だった私の人生に、激動の時が訪れたのだ。病気を持った己自身との対決は今まで自分でも気付いていなかった秘められた心の内面を自覚させることになるかも知れないし、人生や死について深く考える時間を恵むのかもしれぬ。

とあります。癌になったことによって、自分にはいろいろなことを考えられる時間を与えられた、とおっしゃっているのです。そして、

　癌死を望む

文字通り生の中に死を見つめながら毎日を送っているわけだ。何故、生きながら死を見つめることが絶望に結びつかないのか。その答は単純明快だ。生の実相とは、死があってこそ生が豊かになるという前提によって支えられている。生は死の反対概念であって同時に反対概念ではない。少々矛盾した表現かも知れないが、常に死を念頭に置きつつ生きることは真実の生命を生きることになるのである。

死と一体化した生を生きることは（略）真にダイナミックで躍動的生命を生きることを意味する。

旅路の果に死が待っているのではない。死はここに控えている。そして、充実した生命の一瞬一瞬を生きよと常に指示しているのだ。

とあります。「死を念頭に置きつつ」ということが、生死を生きるということになり、明日ありともわからないいのちを生きるがゆえに、今を生きる、とおっしゃるのです。旅路の果てというのは、ロウソクの残りがだんだん減っていくような、いのちを量で見ていることですね。しかしそうではありません。死ということを問うたときに、今の生が輝くのです。今にしか生死はありません。阿部さんはまた、

癌を生きる日々を通じて死はだんだん親しみ深いものに変えられていく。〝もう時間が

来たよ〃と、死に手を取られても、〃君はずっと私の友達だったね〃と微笑が返せそうである。

分かり易く言い直すと、死を見つめて生きる延命の日々を与えられたために、私には生の本当の意味が分かったように思われるのだ。（略）総ての難問に自ずと解決が与えられたような心境の日々……。

とあります。死をタブーにしているときは、死は恐怖になり恐れになります。これは絶筆ですが、

死を前にして思うこと

癌になる前は自分の力で生きているのだと自信過剰な私であった。人生への困難に直面しても、脱出路を見出すことも出来たし、様々な情況に柔軟に反応する能力もある（略）癌に直面した私は（略）それまで、ただひたすら己の信じる道を歩き続けて来たのだが、立ち停まらざるを得なかった。（略）先ず第一に心に浮かんだ疑問は、これまでの人生を本当に自分だけの力で生きてきたかどうかということであった。（略）〃他力によって生かされて来たのだ〃と。何故今までこんな単純な真理に目を閉じていたのだろうか。（略）気が付くのが遅過ぎたと思うと同時に気付かぬまま死ぬより良かったのではない

かと、自らを慰めた。やっとの思いで、終バスに乗車出来たのである。

聡明な方ですから、この方はなんでも自分で解決して生きてきたのです。さまざまな情況に柔軟に反応する能力もあると思っていた、ところが癌に直面し、立ち停まらざるを得なかった、と言われています。西洋的な価値観で教育を受けてきた私たちは自我意識が強く、自分の力で生きてきたと思い込んでいます。しかしこの方は、癌になってはっと気づかされたのです。誕生も死も思いを超えたものである、思いを超えた大きなはたらきに生かされていた、他力によって生かされてきたのだ、と。この出会いでこの方は、これでよかったというのちになります。もしこれに気づいていなければ、「こんなはずではなかった」と虚しい思いで、生涯を終えていかなければならなかったでしょう。

今私たち自身には、そういう課題が投げかけられています。科学技術を駆使し、延命することが私たちにとって幸せであり、人間として満足だと錯覚してきたかもしれませんが、必ずしもそうじゃないのです。第三者的に見るかぎり、いのちはモノになります。「いのちを見つめる」「生と死を見つめる」と私は申し上げていますが、いのちとは第三者的に見ても全然意味がなく、人の死ではなくて、自分の死、自分のいのちとして見ていかなければならないのです。そうしたときに、こういう世界に気づかされ、導かれることになります。いのちに対する見方を問うことによって、私たちのいのち、人生そのものが翻されていくのだということを、私は仏教を学びつつ、いのちの現場に重ね合わせて学ばせていただいております。

the fifth Lecture

いのちの輝き

――和国の教主と呼ばれた聖徳太子の生涯に学ぶ――

蓑輪秀邦

5

蓑輪　秀邦（みのわ・しゅうほう）

1939年生まれ。京都大学文学部。真宗大谷派教学研究所研究員、仁愛女子短期大学教授を経て、現在仁愛大学教授。鯖江市仰明寺住職。
著書『世自在王仏のみもとへ』（法藏館）、『キェルケゴールと親鸞』（ミネルヴァ書房）、『自分探しの旅へ』『真宗門徒になる』（東本願寺出版部）、『仏意測り難し』（大谷派名古屋別院）

「和国の教主と呼ばれた聖徳太子」（2003年度第三十九回宗教教育研究集会講演）
「聖徳太子―その生き方と精神を学ぶ」（2004年度仁愛大学「公開講座」）

2003年8月8日（金）／於：奈良市ホテルニューわかさ
2004年9月10・17・24日（金）／於：武生市福祉健康センター

5

the fifth Lecture

いのちの輝き

蓑輪秀邦

一　はじめに

仏教はいのちあるものの価値はすべて同等であるという考え方を基盤にして、そのいのちを尊重して共に生きる道を説く教えであるということができます。なぜそういうことができるかというと、お釈迦さまのさとりのいちばん肝要な点を簡単にまとめた四つの言葉（四法《しほう》印《いん》）の中の最初の二句に、「諸行無常」と「諸法無我」ということが説かれているからです。「諸行無常」とは、この世界に存在するあらゆるものは永遠にそのままの形であることはなく、どんなものも生じ、やがて滅し去っていくという法則の中にあるということです。この法則性を「いのち」というのだと思います。つまり個としてのそれぞれの「いのち」は生成消滅するはたらきであって、決して永遠不変のものではないのです。いのちは一瞬一瞬を燃焼させながら変化していき、やがて燃え尽きていくものです。これは一見、はかなく虚しいことのようにも思えるのですが、そのように有限なものであるからこそ、一瞬一瞬を充実したものにしようとする本能がいのちの特性だということができます。ですから、仏教はそのいのちの本性をどうしたら全《まっと》うさせていくことができるかを深く説きます。

次の「諸法無我」とは、この世界のあらゆるものは、それぞれが単独にあるのではなく、すべてが連動し関係しあっているということです。例えば私の肉体を形成しているものは、私が作ったものではなく、魚とか野菜とか水とか空気とか太陽の光とか、さまざまなものが結集してできています。ですから、いのちはだれのものかと問われれば、私のものだとはいえません。あらゆるものが集合して私のいのちとなっているのです。いのちは関係し合い、連動し合って、永遠に連続していきます。だから、いのちは尊いのだともいえるし、個々としてのすべてのいのちはその価値において等しいともいえます。

このような仏教の生命観は、世界の諸宗教のなかでもとくに優れたものであるといえますが、これからお話しする聖徳太子は、その仏教の生命観をとくに重要視し、この生命観を基礎に日本という国家の形成を成し遂げようとした人物であったといえます。これは世界史的に見ても稀《まれ》なことであり、「いのちの尊重」を国家形成の理念として取り上げた人物として、私たちは深く学ぶ必要があると思います。そのことを、聖徳太子の生涯におけるいくつかの事業を通して具体的に見ていきたいと思います。

二　和国の教主

だれもが知っている聖徳太子の業績といえば、何といっても「憲法十七条」の制定だろうと思います。その冒頭の第一条に、「和を以《もっ》て貴しとなす」という有名な言葉があります。今でも我が国の最高裁判所のロビーの正面の壁には、この言葉が掲げられています。しかし、この「和」という言葉を具体的にどのような意味で聖徳太子が使われたのかということになると、さまざまな解釈があって一定ではありません。ただひとついえることは、この「和」という言葉の出所をたずねていくと、中国の思想をはじめとしたグローバルな視点をもって考えることになるということです。ここではそういうことも含めた「和」の背景について語りながら、聖徳太子という人物の生涯のいのちの輝きを感じ取っていきたいと思います。

浄土真宗を開かれた親鸞聖人は、聖徳太子をひじょうに尊敬された方です。ご存知のように、親鸞は九歳から二十九歳までの二十年間、比叡山で勉強されました。比叡山を降りた親鸞は、源空と呼ばれていた法然上人のもとに行くことになりますが、そのきっかけに聖徳太子があります。京都市の中心部に六角堂《ろっかくどう》と呼ばれる寺（正式名は頂法寺）があります。法隆寺の夢殿《ゆめどの》と同じような六角形のお堂があり、聖徳太子創建の寺と伝えられています。親鸞の妻、恵信尼の書状によれば、親鸞はその六角堂へ百日間参籠《さんろう》することを決意したが、九十五日目の暁、夢の中に聖徳太子が姿を現し偈を作って、法然のもとを尋ねるように勧めたといわれています。なぜ、聖徳太子が夢の中に出てきたのか、その意は測りがたいことですが、夢の中に出るということは、そのことをひたすら考え続け、思い続けていた証拠ですから、親鸞が比叡山を降りるについては、聖徳太子の思想や教えの影響がひじょうに大きかったということがいえるのではないかと思います。それがどのような教えであったかについては、後述したいと思います。

とにかく親鸞は、このような聖徳太子とのかかわりを通して、聖徳太子を讃える和讃を百十四首も作っておられます。ひじょうに多いので『三帖和讃』ではその中から十一首だけ抜粋して載せられていますが、その十一首の中で最も有名なのは、

和国《わこく》の教主聖徳皇《しょうとくおう》
　広大恩徳《おんどく》謝しがたし
一心に帰命《きみょう》したてまつり

奉讃《ほうさん》不退ならしめよ

（『正像末和讃』「皇太子聖徳奉讃」）

という歌です。ここに「和国の教主聖徳皇」という言葉が出てくるように、親鸞は聖徳太子を「和国の教主」と崇めておられるわけです。これはいったいどういうことでしょうか。我が国が「大和」とか「和国」と呼ばれることになったのには、やはり聖徳太子の教えが影響しています。つまり、太子が作られた「憲法十七条」の第一条で「和を以て貴しとなす」と宣言されて以来、日本のことを「和国」と呼ぶようになったといわれています。だから親鸞は、日本を和国として建設した教主が聖徳太子であると見ていらっしゃるわけですが、いったいこれにはどういう意味があるのでしょうか。

三　太子の悲しみ

聖徳太子は「和を以て貴しとなす」と宣《の》べた人物として、日本の歴史のなかに大きな影響を残していきます。しかし、これは決してよい影響ばかりではなく、誤解された聖徳太子像を作っていった面もあります。というのは、この「和を以て貴しとなす」の「和」が、長い歴史のいくつかの時期において、為政者たちに都合のよい国を作るための論理として使われたということがあります。その場合の「和」は、人々が為政者と対立せず仲よくすること、国づくりのために皆が一致団結すること、というような意味に解され、人々の多様な発想や自由な発言を封じるための方便として用いられたわけです。

聖徳太子を嫌いだという人は、聖徳太子という人物を古代日本における進歩的な人としてではなく、むしろ日本の国家体制を強固にしていった保守的な思想をもった人として捉えがちです。しかし、私は聖徳太子を研究しはじめて、「太子はそのような人ではなかったのではないか」と感じるようになってきました。太子の人間像がはっきりしないと、太子が述べた「和」という精神も誤解されるのではないかと感じ、太子の生《なま》の人間像というところから知りたいと思いはじめたわけです。

最初に感じたのは、聖徳太子という人はたいへん不幸な運命を背負った人だったということです。光と影という視点で太子の生涯を捉えると、聖徳太子というとふつうは光の部分にだけ焦点をあてて語られますが、彼の運命には影の部分がひじょうに多いように感じられます。まずこのことを理解しておかなければ、「和」の意味がわからないのではないかと思います。

5 the fifth Lecture

いのちの輝き ● 蓑輪秀邦

聖徳太子は五八七年（崇峻元）、十四歳でお父さんの用明天皇を亡くされます。しかも、お母さんで用明天皇の皇后であった穴穂部間人皇女《あなほべのはしひとのひめみこ》が行方不明になってしまわれます。というのは、用明天皇崩御の後、次期天皇の即位をめぐって、お母さんの弟の穴穂部皇子《あなほべのみこ》が天皇候補として名のりでるのですが、自分で天皇になろうとしたため蘇我馬子《そがのうまこ》に暗殺されるという事件が起こり、飛鳥《あすか》は大混乱に陥ります。それをきっかけに、お母さんは飛鳥から姿を消してしまわれます。伝説によると、お母さんは京都の丹後半島へ逃れたといわれています。丹後半島の突端の京都府京丹後市（平成十六年まで竹野郡丹後町）の間人《たいざ》には間人《はしひと》伝説というものが残っています。ここは京丹後市の突端の海岸ぞいにあります。数年前私ははじめてその地を訪れましたが、平成二年（一九九〇）、海岸の砂浜にブロンズ製の大きな聖徳太子母子像が建造されました。間人皇女《はしひとのひめみこ》の高さが三・五メートル、稚児姿の聖徳太子像が一・五メートルあり、その横に法隆寺金堂や回廊のエンタシス柱をかたどった五・八メートルの花崗岩でできた石柱が建っています。日本海のほうを向いて間人皇女が子どもの聖徳太子を抱えるようにして立っている、といった記念碑です。

ところで、なぜ「間人」と書いて「たいざ」と呼ぶようになったのかというと、この地は昔から「大浜の里」と呼ばれていたようですが、用明天皇崩御ののち何らかの理由で身の危険を感じた間人皇后が、この大浜の里へやって来てしばらく滞在したのち、そこを退かれたので「間人皇后が退かれた地」ということで土地の人が間人と書いて「たいざ（退座）」と呼ぶようになったのだと伝えられています。なぜ間人皇后がそんな遠い地まで行かれたのかということについては諸説ありますが、おおよそのことを推察すると次のようです。

間人皇后は夫である用明天皇が亡くなったあと、次期天皇になろうとした弟の穴穂部皇子が蘇我馬子と対立し、世相が騒然となりました。皇后は次の天皇が擁立されるまで天皇の代理として政務をとらなければなりませんが、次期天皇擁立をめぐって当時の二大豪族、物部《もののべ》氏と蘇我氏の対立が激しくなり、身の危険を感じた間人皇后は飛鳥を離れ日本海のほうまで逃れます。そのとき弟の穴穂部皇子も一緒だったという説もありますが、彼はその後飛鳥に戻って、けっきょく馬子によって暗殺されてしまいます。その直後に蘇我・物部戦争が勃発し、飛鳥は血で血を洗う凄惨な戦いの場となります。そして、やがて物部氏は敗北し、蘇我馬子の独裁が始まりますが、そんな中で間人皇后の下の弟の泊瀬部皇子《はつせべのみこ》が崇峻天皇として即位しました。しかし、この天皇も即位五年にして蘇我馬子によって暗殺されます。間人皇后の姉弟には悲運がつきまとっている感じがします。

間人の地の人々は、そんな間人皇后の悲運に対してひじょうに深い同情や親しみの感情を持ち続けてきたようです。それが平成の時代になって、間人皇女と聖徳太子の母子像を建てるということにもつながったようです。

それにしても、なぜ海辺にそのような像を建てたのでしょうか。聖徳太子一族、つまり蘇我一族は朝鮮民族の血を引いた人々だといわれています。韓国人は死ぬ時には自分の故郷に帰って死ぬといわれています。また、韓国人は北方騎馬民族だといわれており、現代では田舎の一部にしか残っていないらしいのですが、人が亡くなると屋根に登って、自分たちの祖先がやって来た北のほうを向いてウワーッと泣く風習があるそうです。北方へ魂が帰っていくということから、そのような儀式が残っているようです。つまり、政治闘争に疲れた間人皇后は、自分の先祖がやって来た朝鮮半島へ帰りたいという切なる思いからこの地へ逃れてこられたので、このブロンズ像も朝鮮半島の方向である北方を向けて建てたのではないかと、私は思っています。

ところで、そこには子である聖徳太子の像が母に抱えられるようにして建てられたのですが、実際には聖徳太子はそこまでは行かれなかっただろうと思います。しかし、間人《たいざ》の人々には、聖徳太子の気持ちとして、このようなみにくい政治闘争を逃れて平和な先祖の地へ帰りたいという望みがあったように感じられたのでしょう。人間はいつの世でもみにくい闘争をくりかえし、いがみあい、憎しみあい、殺しあいます。なぜ人間は、このように争わなくてはならないのか、なぜ人間は、いがみあい憎しみあわなければならないのか、そういう人間の運命に対する悲しみや傷みの心が、この聖徳太子像からは強く感じられました。そして聖徳太子自身も、そういう政治闘争に巻き込まれ、自分が意識しなくとも、「あの人は蘇我家の血を引いた人間だ」と一方的に見られてしまうことから逃れられない現実を、いやというほど味わったはずです。

「憲法十七条」の第一条には、冒頭の「和を以て貴しとなし、忤《さか》うること無きを宗《むね》とせよ」という言葉に続き、突然「人皆黨有《たむら》り」という言葉が出てきます。この「黨」は現在の略字では「党」という字を用いますが、旧漢字である「黨」は上の部分が大きな建物、つまり「堂」（講堂、本堂など大きな建物）を表します。その堂の下の「黒」という字は、そういう大きな建物に黒い服を着て集まった（たむろする）人々の群れを表しています。つまりお葬式などに黒い服を着て集まった一族という意味を表した文字です。そこから「黨」という文字は、「利害を同じくする者たちの群れ、または集団」という意味もってきたようです。

現代の政党や派閥もそうですが、私たちの生き方というものはつねに党性（たむろする習性）をもっています。自分だけで生きているように思っていても、いつも人間はたむろし、グループ化し、群れをなすという傾向をなくすことがありません。いってみれば、人間とはそういう何らかのグループの中で生きていかざるを得ないという悲しみをもって生きる存在だということでしょう。「人皆」というのですから、「人は皆そういう運命から逃れることはできないのだ」というように聖徳太子は見ておられたのではないかと思うのです。それは恐らく聖徳太子の実感であったと思います。

四　血の運命

聖徳太子は蘇我一族の血筋の生まれで、いわば「蘇我党」と見なされながら生きてこられました。聖徳太子は幼名を「厩戸皇子《うまやとのみこ》」と呼ばれていたようですが、この厩戸という名は実に不思議な名で、その意味については諸説あります。『日本書紀』では、「厩戸」というのはお母さんの間人皇女が皇后であった時、産み月のお腹をかかえ宮中を巡行していて厩《うまや》の所に来た時、その戸に当たって労せずに産むことができた、それでその子を厩戸と名づけた、というふうに書いてあります。実際の史料を読んでみますと、

推古元年（五九三）、夏四月十日に、厩戸豊《うまやとのとよ》聡耳皇子《とみみのみこ》を立てて皇太子《ひつぎのみこ》とす。母の皇后を

穴穂部間人皇女と曰《もう》す。皇后、懐妊開胎せんとする日に、禁中に巡行して、諸司を監察したまう。馬官《うまのつかさ》に至りたまいて、乃《すなわ》ち厩の戸に当りて、労《なや》みたまわずして忽《たちま》ちに産《あ》れませり。

（『日本書紀』巻二十二）

とあります。

しかし、これは辻棲が合わない説です。なぜかというと、聖徳太子が生まれたのは五七四年で敏達天皇の三年ですから、皇子が生まれた時、お母さんはまだ皇后ではないはずです。宮中を巡行するのは皇后の仕事としての行為です。お母さんが用明天皇の皇后として禁中を巡行できるのは五八六年から五八七年にかけてのわずか二年間だけで、五八六年には聖徳太子はすでに十三歳になっています。ですから、お母さんが皇后の時に聖徳太子が生まれたように書いてある『日本書紀』の記事は間違っていると断定できるわけです。

なぜ『日本書紀』が間違いを書いたのかというと、『日本書紀』はほんとうのことを知っていながら、ある理由でそれを隠すためにあえて嘘をついたのだと私は考えます。なぜかということですが、『日本書紀』の編者は「厩戸」のほんとうの意味を知っていたけれども、公にしたくないわけがあったのだと思うのです。

聖徳太子の呼び名は実にたくさんありますが、「厩戸」関係の表記としていろいろな史料を見ますと、「馬屋戸」または「馬屋人」と書いてあるものがありますし、元興寺関係の史料では「有麻移刀」と書いてあったりします。

いったいこの「うまやと」または「うまいと」という音は何を意味してるのだろうかと考えてみましたが、長い間わかりませんでした。ところが、昭和五十一年にはじめて韓国へ行った際、韓国で瓦博士といわれている李夕湖《いそくほ》氏と話をしていて、思いがけないことをお聞きしたのです。この方は百済《くだら》の歴史に詳しい学者で、日本に長い間住んでおられたので日本語に堪能な方ですが、夕食の時間に「蓑輪さん、知ってるかい。韓国には馬という名前の地名がたくさんあるんだよ」と思いがけないことを言い出されたのです。例えば馬江《ばこう》・馬路《ばじ》、馬峠《ばとうげ》などがあります。馬江というのは韓国でいちばん大きな川の名前、馬路といえば大通りのこと、馬峠は釜山《プサン》の金海《キンポ》空港から見える大きな山のことです。それから、昔から偉大な人のことを「馬人《ばじん》」というのだそうです。「有名人で過去に馬という名前をもっていた人も、中国や韓国にはたくさんいるよ」と、いろいろな人の名前を挙げられました。例えば司馬遼太郎のペンネームの元となった司馬遷という人がいます。それから、馬武、馬班、馬超、馬遠、馬援など、たくさんの人物が歴史上に実在していたそうです。

また、聖徳太子の頃の朝鮮半島は百済《くだら》・新羅《しらぎ》・高句麗《こうくり》という三国が鼎立《ていりつ》していた時代でしたが、その前の時代、韓国は三韓時代と呼ばれていました。この時代には馬韓《ばかん》・弁韓《べんかん》・辰韓《しんかん》という三つの国が鼎立していました。そのなかでいちばんの大国だったのが馬韓です。ここにも「馬」が出てきます。北方騎馬民族を祖先とする人々にとって、馬はひじょうに重要な動物だったわけで、馬という文字には偉大という意味があるのだそうです。ですから蘇我馬子という名にしても、「日本人からするとひじょうに奇妙な名前だと思うかも知れないけれど、韓国では普通だよ。馬子の子というのは君子のことだから、馬子とはグレート・マンとかセイント（聖人）という意味じゃないの」と言われて、驚くとともに納得させられたわけです。

聖徳太子は、その馬子の孫系にあたります。聖徳太子から見ると、馬子は母方のお祖母さんの弟ですから大叔父にあたるわけです。聖徳太子が生まれたということは、蘇我家直系の皇子がはじめて生まれたことを意味します。蘇我馬子にとっては、自分の姉さん二人が欽明天皇の后《きさき》になり、そこから生まれた二人の子どもどうしが結婚した結果生まれたのが聖徳太子だったわけです。つまり聖徳太子は純粋な蘇我系の皇子であったわけです。その蘇我直系の皇子に、「将来、立派な人になってほしい」という大きな期待をこめて「厩戸」、あるいは

「馬屋戸」と名づけたのではないかと思われます。「馬屋戸」の「屋」は家屋つまりファミリーですから、「馬屋」はグレート・ファミリーという意味で、「戸」は徒、つまり人物と考えますと、「馬屋戸」とはグレート・ファミリー・マン、偉大な家に生まれた人を意味することになります。ここで「偉大な」というのはあきらかに蘇我一族のことですから、時の権力者であった蘇我馬子は「蘇我家の一族に生まれた偉大な人になってほしい」という願いをもって、自分の二人の姉たちの孫にあたる聖徳太子の誕生に際して、その子に「厩戸」という名をつけたのではないでしょうか。

そうだとすると、わかってくることが多々あります。『日本書紀』の中には、「厩の戸に当たって生まれたから厩戸と名づけた」というふうに書いてありますが、『日本書紀』は聖徳太子が亡くなって百年ほどたった奈良時代のはじめ、七二〇年に完成した日本最初の国史書です。つまり聖徳太子の生きた時代というのは、『日本書紀』成立の時代から見れば百年前の話です。この百年前の聖徳太子のことを歴史書に載せるにあたって、聖徳太子という人が蘇我家の直系の人であると記載するわけにはいかなかったのではないでしょうか。なぜなら、蘇我一族というのは、聖徳太子が亡くなったあとの大化改新において滅ぼされた氏族だからです。それ以後、蘇我氏は天皇を暗殺した張本人、大悪人として位置づけられていきます。ところが、『日本書紀』が誕生した八世紀初頭において、聖徳太子という人物は、すでに我が国で最も偉大な聖人として神格化されていました。ですから、その聖徳太子が天皇を殺した逆賊である蘇我系の人物であるなどというわけにはいかなかったのでしょう。それで、苦しまぎれに「皇后である太子の母が宮中の厩の戸に当たって産んだので厩戸と名づけた」というような嘘をつかざるを得なかったのではないか。とすれば「厩戸」誕生説（馬屋の戸に当たって生まれたという説）は完全なフィクションであるということになります。それも、お母さんが皇后の時に聖徳太子が生まれていないのは事実ですから、『日本書紀』はあえて簡単に見破られるようなフィクションを作り上げたことになります。

このように見てくると、聖徳太子という人物は、そういう蘇我系の一族に生まれながら、蘇我一族の人間であるということを歴史のなかで隠さなければならないような運命をもって生まれてきている、といえるわけです。つまり聖徳太子が生きていた時代には蘇我家は日本一の権力を握っていましたから、蘇我の一族であることがマイナスの印象を聖徳太子に与えることはなかったでしょう。聖徳太子を見るときに、まずその背後にある蘇我氏の影を見て、聖徳太子その人を見ることはなかったといっても過言ではないでしょう。実際に、蘇我・物部戦争が起こったとき、聖徳太子は単に蘇我軍側についたというだけでなく、軍の先頭に立って物部氏を敗北に追いやった勇気ある皇子として、その勲功が『日本書紀』で讃えられています。つまり人間というものは、その人そのものが見られるのではなく、どの党に属する人間かという側面で見られているわけで、そういう運命的なものに対する深い悲しみを、聖徳太子は一生もちつづけなければならなかったのでしょう。

聖徳太子は死ぬまで蘇我一族に生まれた者という一種の限定や制約つきで生きつづけなければならなかったのです。しかもやがて、その蘇我馬子とも対立していかねばなりませんでした。そして、その聖徳太子が亡くなった後に、聖徳太子の一族（上宮王家《じょうぐうおうけ》と呼ばれる）は蘇我氏によって一人残らずこの地上から抹殺されていきました。聖徳太子は、そういう悲しい運命をかかえて一生を過ごされた人であったということができるだろうと思います。

さらに、聖徳太子は亡くなる前に、母親と膳大郎女《かしわでのおおいらつめ》という最愛の妻と自分との三人を一つ所に埋葬してくれるよう遺言しておられます。その遺言にもとづいて、聖徳太子ら三人の遺骨が葬られた近飛鳥《ちかつあすか》の叡福寺境内の廟、通称「磯長《しなが》の御廟《ごびょう》」は、やがて「三骨一廟《さんこついちびょう》」と呼ばれるようになります。これは古代の皇族の廟としては珍しい型の墓で、母と妻と本人の三人がいっしょに眠るという廟はこれ以外にはありません。その母は先にも述べた不幸な運命を背負った女性です。そして妻である膳大郎女は、太子の三人の妻のなかでは最も身分の低い女性で、膳氏という中堅豪族の娘です。他に妻として刀自古郎女《とじこのいらつめ》という女性がいますが、彼女は蘇我馬子の娘で、山背《やましろの》大兄王《おおえのおう》を生んだ女性です。馬子の直系ですから地位は高いわけです。そして、もう一人は橘《たちばなの》大郎女《おおいらつめ》です。彼女は尾張《おわりの》皇子《みこ》の娘で、尾張皇子のお父さんは敏達天皇、お母さんは聖徳太子の叔母さんの推古天皇ですから、皇族の直系です。この二人に比べると、膳大郎女はいちばん地位の低い妃《きさき》ですが、聖徳太子は地位や出身を超えて、一人の女性として膳大郎女を深く愛されたといわれています。その膳大郎女と母の三人でいっしょに眠る「三骨一廟」にも、党性というものから離れて安らかに眠りたいという聖徳太子の願いが感じられます。

そういう悲しみを体験した人間として、その悲しみを乗り越えて、ほんとうに安らかで優しい世界を求めつづけたのが聖徳太子ではなかったかと思うのです。

五　普遍的な国家建立を目指して

このように見てくると、悲しみに満ちた幼少時代をかいくぐり、聖徳太子が日本初の女帝推古天皇のもとで摂政として国政の中心に立ったとき、彼がどうしてもやり遂げなければならないと決意した政治の目標は、「仏教精神にもとづいた普遍的な国家の建立」ということでした。

「普遍的な国家」とは、時代や民族の違いを超え、すべての人間に共通した願いや理念にもとづいて形成される国家のことです。そういう国家とは、古代においてはおよそ次のような条件を整えた国家を指すといわれています。

(1) 部族間の武力衝突を防ぐ政治的・軍事的統一が確立されていること。
(2) 国家の政務を規定する法制が整えられていること。
(3) 国民一人ひとりの人間として生きる権利を尊重する道徳的・宗教的な基盤があること。
(4) 経済・文化・教育・技術などの面での発展を目指す構想が示されていること。
(5) その国家を指導する者の指導理念が国民に向かって表明されていること。

(中村元『聖徳太子——地球志向的視点から』東京書籍、参考)

聖徳太子以前に成立したこのような国家を目指した例としては、紀元前三世紀にインドのアショカ王が建てた国家や、紀元後六世紀に梁の武帝が建国した国家が挙げられます。

アショカ王はインド全土をはじめて統一し、若い頃行った侵略戦争で十万人もの死者を出したことを懺悔して仏教に帰依し、勝利の絶頂にあって戦争を放棄し、仏教の理念にもとづく平和な国家建設に生涯を尽くしました。また、第三回仏典結集（仏教の経典をつくる事業）を援助し、インド中に八万以上の仏塔（釈迦の遺骨を納めた仏教のシンボルタワー）を建てました。

また梁の武帝（蕭衍《しょうえん》）は南斎《せい》を滅ぼして、梁王朝を建国しました。その初期には官制の改革をはじめとする諸種の政策によって、頽廃していた南朝の貴族制度の改革に努め、比較的安定した時代を生み出しました。彼自身は熱心な仏教徒であると同時に多くの著作もなした知識人でした。彼のもとで、梁は南朝仏教の黄金時代を築きました。しかし、晩年には仏教に心酔するあまり財政を圧迫し、官紀も乱れたということです。

このように見てくると、アショカ王、武帝の両国ともに上記(1)〜(5)のすべての条件を満たしていたとはいえないようです。それに比べ、聖徳太子が目指した国家は、上記のすべての条件をほぼ満たした国家であったといえるようです。

しかし普遍的な国家を目指す聖徳太子の政治改革は一挙に成し遂げられたわけではありません。はじめは「四天王寺建立」（推古元年〈五九三〉）や「仏教興隆の詔」（推古二年）を通して、国家形成の根本理念となる仏教の教えが民衆のあいだにゆるやかに浸透していきました。次に、遣隋使の派遣〈推古八年〈六〇〇〉〉や新羅《しらぎ》征討軍の派遣中止〈推古十年〉などによって、一世紀以上にわたって続いてきた朝鮮半島への軍事外交が、大陸全体を視野に入れた平和外交へと転換されました。これによって大陸の清新な文化が我が国の社会の発展にゆたかな恵みを与えるきざしが見えはじめました。そして、時が満ちるのを待っていたかのように、普遍的国家の建立を目指す本格的な改革がいよいよ断行されることになります。それが「冠位十二階」の制定と「憲法十七条」の作成という二つの大きな事業でした。

六　冠位十二階制定の願い

聖徳太子の事業としてだれにでも知られている「冠位十二階」の制定と「憲法十七条」の作成について、『日本書紀』巻第二十二、推古天皇十一～十二年記には、次のような記事が載っています〔「 」内の箇所はそのあとの（ ）内に現代語訳を付す〕。

〈推古十一年〉十二月五日に、始めて冠位を行う。大徳・小徳・大仁・小仁・大礼・小礼・大信・小信・大義・小義・大智・小智、あわせて十二階。並びに［当れる色の絹を以って縫えり。頂《いただき》は撮《と》り総《すべ》て嚢《ふくろ》の如くにして、縁《もとほり》を着《つ》く。唯、元日には髻花《うずさ》着す」(冠には位階ごとにきまった色の絹が縫いつけられた。髪を頂《いただき》にまとめてくくり、冠で袋のように包み込んで縁取《ふちどり》をつけた。ただ、元日だけは髻花《うず》という金銀などで作った飾りを冠につけた)。十二年の春正月三日に、「始めて冠位を諸臣に賜うこと、各《おのおの》差《しな》あり」(はじめて冠位を諸臣に与えた。その位はそれぞれの人に応じて異なっていた)。夏四月三日に、皇太子、「親《みず》から肇《はじめ》て」(みずから筆をとって)憲法十七条作りたもう。一に曰く、和を以って貴しと為し、……(以下略)

これを見ると、推古十一年(六〇三)の十二月五日に冠位十二階制が発表され、翌十二年の一月三日に冠位制にもとづく位階が諸臣に授与され、同年四月三日に憲法十七条が作られたことがわかります。わずか四ヵ月のあいだに太子生涯の大事業である二つの改革がたてつづけに断行されたことになります。恐らく、この二つの改革の実行については推古期の初期段階から周到に準備されてきたものと思われます。それが推古十二年に至って実行されたのは、この年(甲子歳《きのえのねのとし》)が讖緯説《しんい》(中国古代の陰陽五行説にもとづいた一種の予言説。日食・月食・地震などの自然の変動と緯書――吉凶・禍福などを記した書――によって未来を予測する説)で革令の年とされ、大きな改革は甲子歳に行うべしという五行説に従ったためではないかと思われます。改革に対する太子の並々ならぬ意気込みが感じられます。

もちろん、このような重大な改革が太子一人の力でなされたわけではありません。太子をリーダーとして、朝鮮半島から来日した学僧たちと我が国のすぐれた知識人たちによって編成された国家的プロジェクトチームが、この事業を行っていったものと推定されます。

このことについて、亀井勝一郎氏は次のように述べています。

> 太子の周囲には一団の学僧達がいる。高麗の僧恵慈《えじ》……百済の僧恵聡《えそう》、同じく博士覚哿《かくか》、僧観勒《かんろく》等が数えられる。仏法は専ら恵慈に師事され、覚哿には外典（儒学・老荘等）を、観勒には天文地理について学ばれたと思われる。……
>
> 即ち太子の所謂《いわゆる》ブレーン・トラスト（筆者注：政策立案のための専門家集団）として、境部摩里勢《さかいべのまりせ》を筆頭に、大三輪《おおみわ》、中臣《なかとみ》両家、帰化人中の豪族秦《はた》家及び止利仏師《とりぶっし》と一団の学僧達がいた……。
>
> （亀井勝一郎『聖徳太子』創元社）

太子の優れた先進性は、国政の改革にあたってそれを推進する学習共同体がつねに形成されたという面にとくに顕著に表れています。これは太子の視野が国内だけでなく、つねに国外にも向けられていたということを意味します。太子は古代まれなグローバル性（これを中村元氏は「地球志向的視野」と呼ぶ）をもった統治者だったのです。この点に注目しながら、太子による二つの改革の中身とその意義について、次に見ていくことにします。

「冠位十二階制」は、国の行政を担当する人々（官僚）に十二の階位を定めた制度ですが、その階位の名は徳・仁・礼・信・義・智という儒教の倫理観にもとづいた徳の名があてられ、その階級がひと目でわかるようにそれぞれ異なった色の布をつけた冠をかぶらせるという斬新なものでした。

階位制という発想は、直接的には遣隋使の派遣によって隋からもたらされたものと考えてよいでしょう。中国では六朝の時代からすでに九品官人法《きゅうひんかんじん》と呼ばれる官僚の階位制があり、隋時代になるとその官僚の階位にさまざまな改革が加えられ、身分の固定化や腐敗化を防ぐため、業績をあげた者はより上の階級に昇格できるという制度、つまり人材登用制が採用されていました。

朝鮮半島の三国でも、五世紀ごろからすでに階位制が実施されていました。高句麗には十二階の官位があったらしく、太子はこれを参考に冠位十二階制を作ったのではないかともいわれています。

また、百済には仏教が我が国に伝来する以前から十六階官位制という制度がありました。

その官位は、(1)佐平 (2)達率《だちそち》 (3)恩率 (4)徳率 (5)扞率 (6)奈率 (7)将徳 (8)施徳 (9)固徳 (10)季徳 (11)対徳 (12)文督 (13)武督 (14)佐軍 (15)振武 (16)克虞という名になっていましたが、この第二位から十三位までの十二階は率位（五階）・徳位（五階）・督位（二階）という三種の体系で構成されているので、冠位十二階制はこれを参考にしたのではないかともいわれています。百済の階位は冠と帯の色の違いで識別できるようになっていましたから、階位を冠の色で表すという太子の方法はこの発想を取り入れたものとも考えられます。

以上のように見てくると、冠位十二階制は太子の独創ではなく、海外の先進諸国の制度を参考に多くの学僧・学者たちの研究によってできたもので、当時の世界の先端をいく制度であったということができます。

七　古代豪族たちへの挑戦

では、太子は何のためにこのような官位制を作る必要があったのでしょうか。

太子以前の我が国の社会には、氏姓《しせい》制社会と呼ばれる時代が長く続いていました。これは臣《おみ》・連《むらじ》・造《みやつこ》・君《きみ》・直《あたい》・史《ふひと》・県主《あがたぬし》・村主《すぐり》など数十種の姓《かばね》がそれぞれの氏族に世襲の称号として与えられ、それがそのまま各氏族の社会的ステータスを表すという制度で、上位の姓を独占していた大伴《おおとも》・物部・蘇我など少数の氏族が国を動かしていくという豪族支配体制の社会でした。

聖徳太子はこのような一部豪族による国政の専断は、もはや国際社会には通用しないことを察知し、政治を執行する者の階位を氏族の身分制によってではなく、個人の能力や人格に対して授ける、いわば能力主義的な新しい発想にもとづく制度を採用しようとしたのでした。しかしこれは既存の豪族たち、とくにその頂点に君臨していた蘇我氏の権力を根こそぎ奪うことにもなりかねない危険な改革でしたから、蘇我氏との直接対決を避けるため、実際の実行は慎重のうえにも慎重を期して、ゆっくりと行われていったと考えられます。

また、階位の名は中国流の徳名に従って定められましたが、個人の能力主義的な発想は中国や韓国にもなかったもので、ひじょうに斬新な制度だったというべきでしょう。そこには、冠位の名は単に階位の別を示すだけでなく、その名にふさわしい徳性（人格）をもった人物になってほしいという願い、つまり国家を動かす人たちに最も大切なのはその人の才能や能力ではなく、その人にそなわった徳性であるという理念のあることが感じられます。聖徳太子の国家建立へ向けての決意がうかがえます。

なお、冠位の順が儒教の説く仁・義・礼・智・信という五常の徳順ではなく、仁・礼・信・義・智という中国古来の五行観にもとづく徳順を採用したところにも聖徳太子の独創的な発想がうかがえますが、これについては次章の憲法十七条との関連で考えることにします。

ところで、梅原猛氏は冠位十二階に関して次のようなことを述べています。

冠位十二階は、もとより個人にあたえられるものであって、個人は功績によって、だんだん上の冠位に昇進しうるものなのである。ここで評価されるのはその人の生まれた身分ではなく、その人の能力であり、人格である。……

彼は出身階級の如何《いかん》を考えず、人材を用いた。……こういう人材登用の仕方は、古い貴族たちの顰蹙《ひんしゅく》をかったのであろう。太子は、晩年孤立し、太子一族は、太子死後二十一年にして滅亡してしまうが、豪族たちは、この稀代《きだい》の徳をもつ偉大な人の子弟にははなはだ冷たい。これは、太子のこういう異例の人材の登用が影響していると私は思う。

（梅原猛『聖徳太子Ⅱ』小学館）

梅原氏は、冠位十二階制は古い貴族たちの顰蹙《ひんしゅく》をかい、太子は晩年孤立したと述べていますが、はたしてそうでしょうか。

推古十一年以後の太子による一連の政治改革は、あきらかに普遍的国家の形成を目指したものでしたから、それは蘇我馬子ら豪族支配体制側への「真っ向からの挑戦」（亀井勝一郎『聖徳太子』創元社）であったことは間違いありません。しかし、そうであったからこそ、太子のまわりにはこの改革に賛同する多くの人々が集まり、それらの人々とのコラボレーションによって普遍的な国家建立に向けての大きな一歩が踏み出されたのです。したがって、太子は梅原氏が言うように「孤立した」のではなく、氏姓制度のもとで国政を独占してきた豪族支配体制（蘇我・物部戦争を起こし、何万人もの一般民衆を死に追いやった根本原因）を崩壊させて、すべての人間のいのちが等しく尊重される社会を作るために「人々と共に生きる」道に立ったのです。それは太子にとって死ぬことも辞さない「捨身《しゃしん》の行」であったにちがいありません。

八　憲法――「いつくしきのり」の国へ

推古十二年（六〇四）正月三日、諸臣に冠位を与え、いよいよ新しい国家へ向けてのスタートを切った四ヵ月後の四月三日、聖徳太子みずから筆を染めたとされる「憲法十七条」が作成されました。これは、現在の憲法のように細部にわたって条文化された法律ではなく、その国が成り立つ根本原理を定め、国民が依るべき精神を明らかにしたうえで、国政にたずさわる官吏への訓戒や人間としての在り方の根本などを記す内容のものでした。

このような内容をもった立法の形式は、大陸では西普の武帝の「五条詔書」（二六八年）、西魏の文帝の「二十四条新制」（五三五年）、北周の「六条詔書」（五四四年）などと同じ系統を引くものといわれています。ここでもやはり大陸の先進諸国の立法をモデルに新しい国家の形成を目指す太子の姿勢がうかがえます。これらの法は統治者（帝王）がみずからの思想を民衆に対して公に表明するという内容をもっていたので、「憲法十七条」もそのような性格のものと理解してよいでしょう。

これについて古代史研究家の坂本太郎氏は次のように述べています。

憲法を支えた思想には、儒教・法家・仏教などの混在することは、何びとも指摘する所であるが、中でも儒教思想はもっとも卓越して存在する。国家として君臣の義を固くし、民生を安んずることは、儒教の根本精神であり、官人の、礼を重んじ、信を尊び、恪勤《かっきん》精励であるべきことを教えているのも、儒教の説く所と同じである。……そして、これらの官人達への教訓が多くの部分を占めるので、憲法は官人を諭《さと》す心得に過ぎないという評価も生まれる。
しかし私はそれは皮相の見であると思う。これらの表面的な訓誡の基盤には仏教思想が力強く存在し、その鋒鋩《ほうぼう》（筆者注：ほこさき）を随所に表わしている。
（坂本太郎『聖徳太子』吉川弘文館）

坂本氏は憲法十七条が大陸諸国の立法と異なるところは、儒教的訓戒の基盤に仏教思想が存在する点だと指摘しています。これは聖徳太子の国家形成へ向けてのさまざまな事業に一貫した姿勢だったということができるでしょう。

しかもさらに注目すべきは、太子がこの十七条の作成にあたり、これを上述の中国の法のように「詔書」「新制」などと呼ばず「憲法」と名づけたことです。「上宮太子（聖徳太子）親しく憲法十七条を作れり。国家の制法はこれより始まる」（『弘仁格式《こうにんきゃくしき》』序）とあるように、「憲法」という語を「国家の制法」というような意味で使用したのは聖徳太子が最初だったといわれています。憲法という漢字は訓読で「いつくしきのり」と読みますが、これは「厳密な法」「美しくととのったさだめ」というような意味を表します。したがって、聖徳太子が「詔書」や「新制」ではなく「憲法」という名で国家形成の基盤となる法を作成したのは、この国をほんとうに美しくととのった国、つまり「美しき和の国」にしたいという悲願にもとづくものだったと思われます。

私たちの国は、今もなお「日本国憲法」という名で太子命名の「憲法」という文字を使用しています。そうであれば、その憲法は「美しき和の国」の実現という太子の悲願を受け継ぎ、他国と戦争をせず、すべてのいのちを尊重し、すべての存在を差別しない優しさのある国家の形成をつねに目指すものであることを忘れてはならいと思います。

憲法第一条冒頭の「和を以って貴しとなす」という言葉は、新しい国家の根本原理としての「和」の必要性を強調したもので、のちに我が国が「和国」あるいは「大和」と呼ばれるようになったのもこれに由来しています。この「和」という文字をどのような意味で太子が冒頭に掲げたのかということについては、いろいろな説がありますが、世界史的な視点でその意味を明らかにしようとする中村元氏は次のように述べています。

諸国において和の思想がとくに強調されるようになったのは、やはり人類の社会的生活の発展におけるある段階においてであり、それはつまり普遍的な国家の確立を目ざす帝王が、いろいろの部族を統一したときに強調したことである。……そこにおいて、まず第一に力説されるのは、共同体の原理としての「和」である。『西蔵《チベット》王統記』に伝えられる十六条によると、第一条として「争う者は罰すること重し」という。アショーカ王も和の精神を強調している。……

和の観念が、儒教から受けたものであるという解釈もなされており、『論語』に「和するを貴しと為す」という句がある。ただ『論語』のその個所では、主題が礼であり、和ではない。ところが聖徳太子の場合には、人間の行動の原理としての和を唱えている。つまり太子が、礼とは無関係に、真っ先に和を原理として掲げている。これは実は、仏教の慈悲の立場の実践的展開を表しているものだといえる。

（中村元『聖徳太子――地球志向的視点から』東京書籍）

このように、中村氏は憲法第一条の冒頭に太子が「和」を掲げた根本的意味は「仏教の慈悲の立場の実践的展開を表しているものだ」と解釈しています。仏教では人間の理想的な社会を「和合衆《わごうしゅ》」「和合僧《わごうそう》」、人間の最も美しいすがたを「和顔《わげん》愛語」「顔色《げんしき》和悦《わえつ》」などと表現し、また仏教の教えを体得した人の心を「柔和《にゅうわ》」という言葉で表しますから、仏教において「和」が人間であることの大切な条件として強調されていることは間違いありません。しかし、それが「人間の行動の原理」となり「慈悲の実践的展開」となるとはどういうことなのでしょうか。

和という文字は丸くまとまった状態をかたどった文字で、平和・調和・柔和・融和・温和・和合・和音・和言などいろいろな熟語に用いられる幅広い意味の言葉です。しかし、そのような和はどうしたら「人間の行動の原理」となるのでしょうか。

人間として和を願わない者はいないでしょう。しかし、それが一人の人間の行動や大勢の人々が共に生きていかねばならない社会生活のなかでほんとうに実現したことがあるでしょうか。例えば平和を願わない人間はいません、しかし、現実の人間の世界は争いの絶える日は一日もないみにくい世界です。聖徳太子の時代もそうであったし、現代はさらに多くの争いが日常茶飯事のように起き、多くのいのちが奪われています。このような現実に対して、争いをやめて平和を実現しようと叫んでも、それは絵に描いた餅のように非現実的で虚しいかけ声にすぎないのではないかとも思われます。聖徳太子は、そんな虚しいかけ声にすぎないと言われることを無視して、単なる理想としての和の原理だけを強調したのでしょうか。もしそうであれば、憲法十七条そのものが理想主義的な言葉の羅列であるということになり、現実を動かす力としては何の効果もないものになってしまうでしょう。

しかし、憲法十七条をよく読むと、太子は理想主義者ではなく、ある意味ではだれよりも徹底した現実主義者であったことに気づくはずです。それは、聖徳太子の憲法のどこを探しても、「争いのない平和な世界を実現しよう」とは書かれていないからです。むしろ太子は、人間はいつも怒ったり憎んだり恨《うら》んだりしながら、ささいなことでいがみあい、争いあって生きていかなければならない未熟で傲慢な存在だということを徹底して自覚した人です。そのことを第一条では「人皆黨《たむら》有り」という言葉で表しています。先述のように「黨」は堂に黒い服を着た人々が集まる形を表した文字で、「ともがら、なかま、親族、一派」などの意味を表します。現代でいえばグループや派閥のことで、同じ利害をもつ者どうしが派や党を名のって、さまざまなかたちで対立・抗争を生んでいく集団のことを「黨」といいます。しかも、それは「人皆黨有り」とありますから、「人というものは皆、つまり一人の例外もなくすべて」ということです。つまり、党性（グループ化する性質）はすべての人間に共通した宿命的な傾向であるといっているのです。

九　ともに是れ凡夫のみ

この「人皆」という表現は、さらに第十条でも使われています。そこでは「人皆心有り。心おのおの執《と》れること有り（人にはだれでも心がある、その心はそれぞれ自己に執着〈固執〉する性質をもっている)」と述べられています。自己に執着することを仏教では「我執」といいます。この我執が、自と他を分裂させ、対立を生み出す最大の根本原因です。

だから第十条は先の言葉に続いて、「彼是《ぜ》なるときはすなわち我非《ひ》とす。我是なるときはすなわち彼非とす。我必ずしも聖《ひじり》にあらず。彼必ずしも愚《ぐ》にあらず。ともに是《こ》れ凡夫《ぼんぷ》のみ(彼がこれは正しいと言うと私は正しくないと否定し、私が正しいと言うと彼は正しくないと否定する。私が必ずしも何でもわかっている聖人みたいな人間であるわけではないし、彼が必ずしも何も知らない愚か者であるわけではない。ともに凡夫なのだ)」と。

凡夫とは、欲望に束縛されてほんとうのことが見えていない者のことです。欲望の根っ子には我執がある、つまり人間はみな自己本位で、自分がいちばん可愛いという本能があるから、その自分を捨ててまで他人の立場に立つことはできない、そういう意味で、蘇我馬子も聖徳太子自身も「ともに凡夫」だと太子は言い切っています。

そのことを亀井勝一郎氏は次のように述べています。

> (第十条は)太子の人間研究の結語ともいうべき、意味深い箇條である。一見して明らかなように、仏教思想による解釈などでなく、太子の切実なる実感であった。人の心の「我」に対する執着性の根づよさを平明に指摘されたのみならず、その循環性の一環に

自分自身をも置いて考察されている点が大事だ。或る高所から、人間の我執を見下しているのではない。自分もその一人である。……人は他人のエゴイズムに対して容赦のない非難を浴《あび》せるが、その非難にひそむ更に激しい己のエゴイズムを沈着に正視する人は稀《まれ》である。「共に是れ凡夫」とはまさに之が正視の言葉ではなかったろうか。

（亀井勝一郎『聖徳太子』創元社）

「和」は「憲法十七条」全体を流れるテーマです。しかし、この憲法は「和」を実現するために人間はどうすべきかを十七条にわたって訓戒した書ではありません。逆に、和の実現をはばむ原因が馬子のような他者にではなく、太子自身の心中に巣くう我執にあったことを自覚した書です。もちろん第三条では天皇を中心とした官僚制国家建設の心得を説き、第五条では官吏する者の厳守すべき心得を説いていています。その他の条でも事細かに国政の原則を説いていています。しかし、それらはすべて自己自身の我執の根深さに気づくことなしには虚しい言葉にすぎないという原則のうえでの心得です。

ではその我執の自覚はどうしたらできるのでしょうか。この問いに対して太子は明快に宣言します。「篤《あつ》く三宝《さんぼう》を敬え」と。篤く三宝を敬うことなしに我執を自覚することは不可能である。なぜなら「三宝とは仏・法・僧なり。則ち四生の終帰、万国の極宗」であるからといいます。太子は一生を、この「四生の終帰、万国の極宗（いのちのあるすべての者が最後のよりどころとするところであり、すべての国家の究極の原理）」としての仏の教えにひたすら帰依する者として貫かれたのでした。

推古十五年（六〇七）七月三日、太子は大礼小野妹子《おののいもこ》を隋へ遣《つか》わしました。隋は五八一年に魏晋南北朝時代の混乱を鎮め、西晋《せいしん》が滅んだのち分裂していた中国をおよそ三百年ぶりに再統一した一大帝国でした。それまで中国との外交は朝鮮半島の諸国を通して間接的にしか行う機会がありませんでしたが、大陸を統一した隋の出現によって、その政治体制や仏教治《ち》国《こく》策（仏教によって国を統治する政策）などを我が国に取り入れる絶好の機会が訪れました。また、隋の強力な軍事力をもって朝鮮半島における三国の争いを止め、百済への援軍派遣や新羅との敵対関係などを取り去るためには、隋と国交を結ぶことが絶対の条件となっていました。そのような聖徳太子の悲願である朝鮮半島との平和外交を実現するためにも、遣隋使はぜひ行わなければならない大事業でした。

遣隋使派遣は数回にわたって行われ、太子の死後は遣唐使に受け継がれて次第にその効果を我が国にもたらしました。とくにそれは大化改新を経て律令国家へと向かう大きなエネルギーとなっていきましたが、その大化改新を推進した人々のほとんどは、生前の太子のもとで学び、我が国のあるべき未来を論じあった若者たちでした。

太子のこの未来に対する確かな目は、生きとし生けるものへの深い愛と人間探求の思索によってはぐくまれたものでした。太子は四十歳ころから斑鳩《いかるが》宮の中に夢殿とのちに呼ばれるようになる思索の場を設け、若い人材の育成に専念するようになりました。

推古二十一年（六一三）十二月、片岡山に遊行《ゆぎょう》した太子は、道の端に臥せる一人の旅人に出会いました。この不思議な出会いについて『日本書紀』は次のように述べています。

皇太子、片岡山に遊行す。時に飢者《うえたるひと》、道の垂《ほとり》に臥《こや》せり。……皇太子みそなわして飲物《おしもの》を与えたもう。すなわち衣裳《みけし》を脱ぎたまいて、飢者に覆いていわく、「安らかに臥《ふ》せよ」とのたもう。すなわち歌いてのたまわく、

しなてる　片岡山に　飯《いい》に飢《え》て　臥《こや》せる　その旅人あわれ　親無しに　汝《なれ》なれけめや
さす竹の　君はや無き　飯に飢て　臥せる　その旅人あわれ

とのたもう。

その後の記事を要約すると、次のようです。

翌日その人は亡くなりました。太子は大いに悲しみ、使者を遣わしてその人を手厚く葬らせます。数日後、太子は近習の者を集め、「先日、道に臥して飢えていた人は凡人《ただびと》ではない、真人《ひじり》にちがいない」と言い、人を遣わして埋葬した場所を見に行かせたところ、「墓所に行って、棺《ひつぎ》を開いたら中に遺体はありませんでした。ただ太子が与えた衣服だけがたたまれて棺の上に置かれていました」と報告しました。太子はまた使者を返してその衣服を取ってこさせ、いつものように身に着けました。その有り様を聞いた人々は大いに不思議がり、「聖《ひじり》が聖を知るということは、ほんとうにあることなのだな」と言い、ますます太子を敬うようになりました。

『万葉集』にはそのとき太子が詠んだ歌として、次のような歌が載っています。

家に在《あ》らば　妹《いも》が手枕《たま》かむ草枕　旅に臥《こや》せる　この旅人あわれ

推古二十九年（六二一）十二月、太子の母、間人《はしひと》皇后が死去しました。そのころから太子も健康を害し、年明けの正月、太子と妃の膳大郎女《かしわでのおおいらつめ》はともに病床に臥しました。斑鳩宮は憂いに閉ざされ、人々は病気の平癒を祈りました。推古三十年（六二二）二月二十一日、妃が世を去り、翌日その後を追うように太子もしずかにその生を終えました。ときに太子四十九歳でした。

以上が、聖徳太子の生涯と業績のあらましです。太子の政治が仏教を基盤とし、いのちの尊厳性を重視し、戦いのない平和な国家を建設しようという願いに立って行われたことがわかります。

太子の政治は「捨身《しゃしん》の政治」ともいわれています。「捨身」という言葉は、太子が愛読された『勝鬘経《しょうまんぎょう》』という経典の中に出る言葉ですが、そこでは仏教の教えをほんとうに実行するためには「捨財《しゃざい》」（財物を私有化しない）、「捨身」（自分の都合を優先せず、人々のために身を捨てて生きる）、「捨命《しゃみょう》」（死すべきときにはきっぱりと自分の命を捨てる）という三つのこと（これを三捨という）を実行しなければならないということが説かれています。太子はこの精神をほんとうに実行した人であったわけです。それは、太子なきあと叔母の推古天皇が玉虫《たまむしの》厨子《ずし》を製作し、その台座の上の左側の壁面に「捨身飼虎図《しゃしんしこず》」といわれる絵を描かせ、それを聖徳太子の政治の理念としていつも眺めながら政治を行ったということ（上原和『斑鳩の白い道の上に――聖徳太子論』朝日新聞社）にも表れています。

いのちの不透明感がいよいよ強まり、エゴイズムが当然のように社会を闊歩し、頭を下げる尊いものの存在を失って、人間がますます傲慢になっていく今日の社会状況にあって、聖徳太子のこのような仏教の理念と捨身の精神を学ぶことは、ひじょうに大事な意味をもっていると思うのです。

あとがき

二〇〇一年、福井県越前市（旧武生市）に仁愛大学が開学しました。聖徳太子の仏教理念と親鸞聖人の人間観を建学の精神として創立されて百余年を経た仁愛学園が、二十一世紀の幕開けを期して新たに開いた大学です。地域社会の要望と期待を担って心理学科とコミュニケーション学科の二学科からなる人間学部を設置し、当初からその研究成果を市民に開放することを目的に公開講座を実施してきました。とくに当地は仏教信仰の盛んなところなので、仏教関係の講座を充実させたいと願い、「いのちはなぜ尊いのか」というテーマを掲げ、多様な講師のもと、さまざまな角度でいのちについての問題を取り上げてきました。

本書はその公開講座から抜粋した四つのレクチャーと、この講座の開講に尽力された初代学長石田慶和氏の退任記念のレクチャーとを、各講師自身の手によって訂正・加筆いただき、上梓の運びとなったものです。

二十一世紀は、幼い子どもたちのいのちが一人の人間のエゴによって理由なく無残に奪われるという事件からはじまりました。そのようないのちの軽視・侮蔑の風潮は、その後もますます広がりを見せ、その背後にある人間の孤独や傲慢の問題が浮き彫りなってきています。

いのちの作用は、孤独や傲慢のなかに沈むとき停滞し、他者と共に生きる意欲や喜びに浸るとき活発になります。それを「いのちの輝き」と呼ぶなら、現代はその輝きが極端に失われつつある時代といえるでしょう。しかし、だからこそ、もう一度その輝きを回復する学びや体験を真剣に求める人々も多くなってきています。本書は、そのような人々へのささやかな贈り物になることを願って発刊いたしました。ご一読いただければ幸いです。

最後になりましたが、出版にあたってご尽力いただいた法藏館の上別府茂編集長ほかスタッフの皆様に深甚の謝意を表します。

仁愛大学宗教教育研究センター長　蓑輪秀邦

いのちに関する5つのレクチャー

二〇〇七年三月五日　初版第一刷発行

編　者　仁愛大学宗教教育研究センター

発行者　西村七兵衛

発行所　株式会社　法藏館

京都市下京区正面通烏丸東入

郵便番号　六〇〇―八一五三

電話　〇七五―三四三―〇〇三〇（編集）

〇七五―三四三―五六五六（営業）

印刷　リコーアート　製本　新日本製本株式会社

ISBN978-4-8318-2416-5 C1015